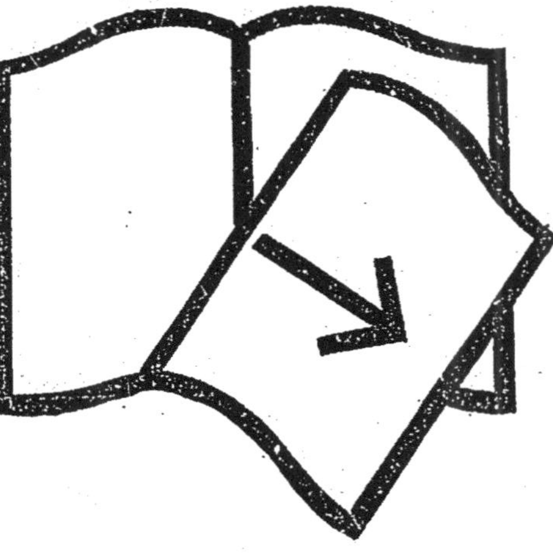

Couverture inférieure manquante

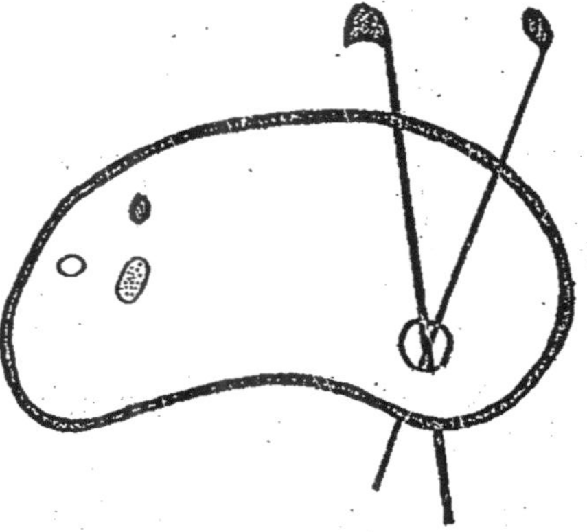

SOCIÉTÉ SCIENTIFIQUE ET LITTÉRAIRE

DES BASSES-ALPES

# LA PAROISSE, LA COMMUNE

ET

# LES SEIGNEURS DES SIÈYES

PAR

M. l'Abbé FERAUD

PRÉSIDENT D'HONNEUR ET MEMBRE FONDATEUR
DE LA SOCIÉTÉ SCIENTIFIQUE ET LITTÉRAIRE DES BASSES-ALPES

DIGNE

IMPRIMERIE CHASPOUL, CONSTANS ET Ve BARBAROUX

*Place de l'Évêché, 7*

—

1888

SOCIÉTÉ SCIENTIFIQUE ET LITTÉRAIRE

DES BASSES-ALPES

# LA PAROISSE, LA COMMUNE

ET

# LES SEIGNEURS

# DES SIÈYES

PAR

M. l'Abbé FERAUD

PRÉSIDENT D'HONNEUR ET MEMBRE FONDATEUR

DE LA SOCIÉTÉ SCIENTIFIQUE ET LITTÉRAIRE DES BASSES-ALPES

DIGNE

IMPRIMERIE CHASPOUL, CONSTANS ET Vᵉ BARBAROUX

*Place de l'Évêché, 7*

1888

# MONOGRAPHIE

## DU LIEU DES SIÈYES

Le lieu des Sièyes, qui n'est actuellement qu'une simple section de la commune de Digne, était occupé, à l'époque gallo-romaine, par des colons établis le long de la vallée pour l'exploitation d'un sol naturellement riche et fécond. Quoique séparée par la Bléone du chef-lieu des Blédonticiens, cette localité n'était qu'une prolongation du territoire de la ville de Digne. Rien n'indique qu'il y ait jamais eu une agrégation d'habitations constituant un pagus ou village. Chaque colon se fixait là où bon lui semblait et se livrait paisiblement à la culture du terrain qui entourait son habitation. Les invasions des barbares durent pourtant leur inspirer la pensée de se ménager un lieu de refuge et de défense contre les incursions et les attaques. Or, le plateau d'une colline, par sa position escarpée et son isolement des autres coteaux voisins, sembla leur fournir un lieu susceptible de défenses et un admirable point de vue sur tous les aboutissants de la vallée. La féodalité, qui cherchait à s'implanter partout, ne manqua pas d'inspirer à quelque famille ambitieuse et puissante la construction d'un château fortifié sur cette même hauteur. Sous le prétexte de veiller à la sécurité des habitants du lieu, le châtelain, moyennant certains droits et certaines redevances, put grouper autour de son château plusieurs familles de colons et assurer en cas de besoin un refuge aux autres familles disséminées dans la vallée. Ainsi s'expliquent et la construction du village des Hautes-Sièyes, et l'origine du régime féodal dans cette localité.

En recherchant l'origine et l'étymologie du nom de cette localité, nous ne nous hasarderons pas à le demander à la langue celtique, mais nous consulterons quelques instruments du XIIe et du XIIIe siècle. Les bulles du Pape Alexandre III (1180) et du Pape Lucius III (1184) désignent notre localité par le nom de *Ceis* (1). Dans les statuts donnés par Raimond Béranger IV, en 1237, pour les diocèses de Digne et de Riez, nous lisons que le *Castrum de Cicyis* devra fournir pour les cavalcades un *equum non armatum* (2). Dans deux autres instruments des 5 et 26 septembre 1318, nous lisons : *dominus de Ceiis* et *territorium de Ceys* (3). Enfin, dans un état de dénombrement des châteaux du diocèse de Digne, dans le XIIIe siècle, nous lisons : *castrum de las Cicias*, et ce château est immédiatement dénombré après la ville et le bourg de Digne et avant ceux de Courbons, d'Oise et de Gaubert (4). Ces diverses appellations latines indiquent véritablement le lieu des Sièyes. Il en résulte donc que le nom moderne de ce lieu a souffert une altération et qu'au lieu de dire *Sièyes*, il aurait fallu dire *Ciès* ou *Ceyes*. On ne saurait s'expliquer sur quel fondement se sont appuyés les collaborateurs de Charles d'Hozier pour donner le mot *scie* comme le radical du mot *Sièyes*. Ceux-ci, en composant

---

(1) Gassendi, *Notitia Eccl. Din.*, ch. XV. (Archives de l'Evêché.)

(2) Ces statuts sont reproduits dans le *Cominalat de Digne*, par F. Guichard, t. II, preuve XII, p. 17.

(3) *Cominalat*, t. II, pr. LVI, p. 151, et pr. LVII, p. 153.

(4) *Ibid.*, t. II, pr. XV, p. 28.

les armoiries de cette commune, ont placé : *de gueules, à trois fasces danchées par le bas, d'argent.* Or, ces fasces ne sont en vérité que des lames de scie (1).

L'érection de la paroisse des Sièyes remonte aux premiers évêques de Digne et pour le plus tard au Ve siècle. Quand les chanoines de Digne eurent formé leurs prébendes, des paroisses du diocèse, celle des Sièyes forma la prébende du chanoine précenteur, vulgairement dit *cabiscol*, du latin *caput chori*. La dîme du lieu fut partagee entre l'évêque et le chapitre, mais naturellement le cabiscol en eut la plus large part. L'érection de la commune des Sièyes ne date guère que du XIVe siècle, peut-être même du XVe, car rien ne peut nous éclaicir sur ce point, vu que les archives municipales de cette époque n'existent plus. Le plus ancien cahier des délibérations ne remonte qu'à l'année 1637 (2). Nous allons donc essayer de faire d'abord la monographie de la parcisse des Sièyes, ensuite celle de la commune, puis la nomenclature des seigneurs.

---

(1) *Armorial général de France*, t. I, p. 1075. Blasons, II, p. 1923.

(2) Les archives départementales ne renferment aucun document particulier aux Sièyes, avant 1790. Tous les documents communaux étaient centralisés à Aix, capitale de la Provence, dans les archives de la Cour des Comptes.

# LA PAROISSE DES SIÊYES

---

On ne saurait dire en quel lieu fut bâtie la première église du lieu. Bien qu'il soit probable qu'elle fût édifiée dans la partie basse ou la plaine, le titre paroissial était attaché à l'église de Sainte-Marie-Madelaine, sise dans le village, au-dessous du château féodal. C'est là que résidait le prêtre chargé du soin de la paroisse ; c'est là que se rendaient les fidèles pour l'audition de la messe et pour l'administration des sacrements. Tant que la foi fut vive dans les cœurs, on ne songea pas à protester contre cet ordre des choses. Mais, quand la partie de la population habitant la plaine se fut accrue et qu'aux habitations isolées on ajouta des groupes de maisons formant des hameaux nombreux, on trouva trop pénible et trop incommode de se rendre au village, dont la population était beaucoup moins importante et tendait même à diminuer de jour en jour. De là surgit un esprit de dualité qui, divisant les esprits, occasionna des contestations souvent animées, mais toujours onéreuses pour tous.

Le cimetière paroissial, placé au pied de la montée du village, attenait à une chapelle dédiée sous le vocable de saint Véran, évêque de Cavaillon. C'est dans cette chapelle, fort exiguë du reste, que l'on déposait les corps des fidèles pour y recevoir les dernières prières, avant d'être ensevelis dans la terre bénite. Par sa position intermédiaire entre le village et les groupes de maisons de la plaine, elle semblait devoir être le lieu central de la réunion des fidèles. Mais son exiguïté d'abord et la possession antique du titre réservé à l'église de Sainte-Madelaine étaient un sérieux obstacle à la translation du service paroissial dans la chapelle de Saint-Véran. D'autre part, le chapitre de Digne, en sa qualité de décimateur, était chargé de l'entretien du curé et de l'église paroissiale et il se refusait à construire une autre église et à en supporter les conséquences.

Un événement malheureux, survenu vers la fin du XVIe siècle et sur lequel nous ne pouvons fournir aucun renseignement, sembla devoir trancher la question. L'église de Sainte-Madelaine avait été incendiée et presque détruite ; le château féodal avait été pris et démoli ; la misère était grande dans la population. Aussi ne trouva-t-on rien de mieux que de faire célébrer l'office paroissial dans la chapelle de Saint-Véran, qui fut agrandie de la moitié de sa longueur. Les choses en étaient là encore, quand l'évêque Antoine de Bologne vint faire sa visite, en l'an 1604 (1). Le prélat, après avoir constaté l'état de la chapelle et celui de l'église et avoir entendu les doléances des habitants et de l'économe du chapitre, rappela à l'assistance qu'il était contraire aux saints canons d'avoir dans une localité si peu importante deux édifices religieux ayant le titre paroissial. Il invita, en conséquence, les habitants à se réunir en un conseil général et à opter entre Sainte-Madelaine et Saint-Véran, avant qu'il rendit sa sentence de visite. Le conseil général déclara à la

---

(1) Le registre des actes de l'administration de l'évêque Antoine de Bologne, où était inséré l'original de la visite de 1604, avait été retrouvé dans le galetas d'une maison, à Digne, par M. Dou. Celui-ci en fit don à feu M. l'abbé Félix Aubert, organiste de la Cathédrale. Ce dernier n'osa refuser à Mgr Meirieu la cession dudit registre, qui était précieux à plus d'un titre. On ne sait comment ledit registre a de nouveau été perdu ; mais toutes les recherches faites n'ont pas abouti. Nous le regrettons d'autant plus vivement que ce registre avait été mis à notre disposition pour nos recherches historiques.

presque unanimité opter pour l'église du village, qui, dans les siècles antérieurs, avait toujours joui du titre paroissial (1). En conséquence, l'évêque prononça que l'église de Sainte-Madelaine serait reconstruite et pourvue de tous les objets nécessaires pour le culte. Cette reconstruction et cette ornementation devaient être faites aux frais des décimateurs et de la communauté des habitants. Il fallut se conformer à la décision prise, et, les travaux terminés, l'office paroissial fut réintégré dans l'église du village.

Les habitants de la plaine ne négligèrent point de s'assurer une compensation. Ils s'ingénièrent si fort et si bien qu'ils aboutirent à une transaction entre le chapitre décimateur et les consuls de la communauté. Il fut réglé que la communauté prendrait à sa charge l'entretien et l'ameublement de la chapelle de Saint-Véran, mais que le chapitre déléguerait à ses frais un prêtre pour célébrer la messe dans cette chapelle, les jours des dimanches et des fêtes d'obligation. Enhardis par ce premier succès, ils présentèrent une requête au parlement d'Aix aux fins d'obtenir que le prêtre délégué résidât habituellement aux Sièyes, *pour y faire toutes les fonctions que les prêtres servants sont tenus de faire* (2). L'arrêt fut rendu, mais ne

---

(1) On ne peut que très difficilement expliquer comment le conseil général, qui devait compter plus d'habitants de la plaine que du village, ait adhéré à ce choix. Toutefois, il est bon de remarquer que les frais de reconstruction incombant en majeure partie aux décimateurs, on dut se montrer plus faciles, par la crainte que lesdits décimateurs ne contribuassent en rien à l'agrandissement et à l'ornementation de Saint-Véran. L'original de la délibération n'existe plus; mais le fait est confirmé par la sentence de visite et par diverses délibérations subséquentes, dont nous aurons à parler.

(2) Ce que nous énonçons ici est relaté dans l'acte de visite par Mgr de Janson du 12 décembre 1662, dont nous possédons une copie trouvée parmi les papiers du château des Sièyes et remise gracieusement à nous par feu M. le comte Léo des Sièyes, en 1860.

fut jamais mis à exécution par l'opposition qui fut faite par le chapitre et le chanoine prébendé et par le refus de l'évêque d'instituer un vicaire à demeure. L'arrêt ne tendait à rien moins qu'à l'établissement d'un double office paroissial.

Le procès-verbal de la visite de Mgr de Janson, le 12 décembre 1662, va nous fournir des détails curieux et intéressants. Le prélat était accompagné de messire André Arnaud, vicaire de Mane et docteur en théologie, de messires Pierre Proind, promoteur, Alexandre de Gaudin, cabiscol, Barras, économe du chapitre, et Jean Feraud, notaire et greffier. Conduit processionnellement du chemin public à la chapelle de Saint-Véran, l'évêque commença la visite par les prières d'usage. « Nous avons trouvé, porte l'acte, le maitre-autel avec son retable en plâtre peinturé de l'imaige de saint Véran; le dict autel couvert de ses trois nappes et la pierre sacrée, un devant d'autel et deux chandeliers en laiton au-dessus d'y celui; une lampe en fer blanc pendante au devant, et deux chandeliers de bois couleur d'ébène pour recevoir des flambeaux. Item avons vu dans la dicte église un autel sans tableau ni ornements; le cimetière tout ouvert sans murailles ni haies. » Tout le mobilier se composait d'un calice d'argent, de deux chasubles, dont l'une de damasquin et l'autre de camelot, fort usées, d'un missel hors d'usage et d'une croix en laiton.

Montant ensuite au village, le prélat fut reçu par les consuls Meynier Barthélemy et Rouquet Michel et par les notables du lieu. Les prières de la visite dites, Mgr de Janson prêcha et administra la confirmation. Voici l'état de l'église : « Avons trouvé un autel en plâtre peinturé de l'imaige de sainte Madelaine, sans tabernacle, et deux chandeliers en laiton au-dessus....; les murs intérieurs en partie blanchis; le couvert rompu en plusieurs endroits. Avons trouvé qu'il n'y a ni chaire à prêcher, ni confessional; les fonts baptismaux non fermés à clef, un vase estaing pour l'eau baptismale et trois ampoules aussi d'estaing. » Quant au mobilier, il se composait d'un calice d'étain (qui fut brisé), de trois nappes d'autel fort usées, d'une croix processionnelle en laiton, de trois chasubles, l'une de damasquin fleuri, l'autre de camelot rouge et la troisième de cadis vert, en piteux état; d'un missel relié en basane, d'un missel des morts, enfin deux cloches de moyenne grandeur. On voit combien pauvre était le mobilier des deux églises.

L'évêque interpelle ensuite le curé de la paroisse, messire Etienne Michel, sur le revenu de son bénéfice. Le curé répond qu'il lui est servi par le seigneur une pension de trois charges de blé, pour les terres que l'un de ses prédécesseurs avait cédées audit seigneur et par acte du 13 avril 1598, notaire Chauvin, à Digne. Ces terres étaient : 1° celle du Clos de Saint-Véran, d'une contenance de deux charges de semence; 2° deux autres situées dans le même quartier ; 3° d'une terre sise à la plaine et en partie sur le territoire de Champtercier. Il déclare jouir d'un pré dans le quartier *du Verger*, d'une contenance de trois quarts de seterée; d'une cense annuelle de 30 sols pour une vigne de cinq fosserées possédée par les hoirs de Guitton Thomé; d'une cense de 10 sols 6 deniers sur une terre sise au quartier de l'*Estang*, possédée par les hoirs de Barthélemy Meinier; d'un hermas lui rendant 8 sols par an; d'un chasal loué pour 4 sols par an; d'une maison claustrale, avec vigne et terrain attenants, la vigne ayant 20 fosserées et le terrain de deux setiers de semence. Il déclare enfin qu'il reçoit annuellement du cabiscol 80 coupes de vin. Voilà tout le revenu de son bénéfice.

Interrogé sur les luminaires ou confréries établies dans la paroisse, le curé répond qu'il y en a cinq, savoir : ceux du Saint-Sacrement, de Sainte-Madelaine, de Saint-Véran, des Ames du Purgatoire et de la Rédemption des Captifs. Il ajoute que, conformément aux anciennes sentences de visite, Messieurs du chapitre sont tenus d'envoyer un prêtre pour dire la messe à Saint-Véran, les jours des dimanches et des fêtes, et il demande que cet auxiliaire vienne le seconder à la messe et aux vêpres de la paroisse.

Les consuls, interrogés à leur tour sur la quotité et la perception des dîmes, répondent : que le seigneur évêque perçoit la moitié du dixième de tous les grains, légumes et raisins, et que le cabiscol perçoit l'autre moitié ; que la dîme se payait à raison du quinzain ; que, sur sa portion de raisins, le cabiscol doit remettre 80 coupes de vin au curé, en retenir 60 pour lui et partager le surplus avec le chapitre. Les consuls réclament ensuite la mise à exécution de l'arrêt du parlement relatif à la résidence du prêtre délégué pour Saint-Véran. Les délégués du chapitre répondent que cet arrêt n'a jamais été exécuté, et que, dans le cas contraire, ils se réservent de protester. L'économe expose, de plus, qu'en suite de l'option faite par les habitants en 1604, l'église de Sainte-Madelaine *avait été rebâtie et mise en état* et que le chapitre et le prébendé avaient concouru aux frais en tant qu'il le fallait; il ajoute qu'aux termes de la transaction entre le chapitre et les consuls, l'entretien et la conservation de la chapelle de Saint-Véran n'est nullement à la charge des décimateurs. Les consuls ripostent alors que le curé se sert du calice d'argent qui a été donné par la dame du Seigneur (1) à l'église de Saint-Véran ; ils demandent que le chapitre en fournisse un autre pour l'église de Sainte-Madelaine, dont il a la charge. Interrogés s'il existe quelque chapellenie ou prieuré dans la paroisse, les consuls disent qu'il n'existe d'autre chapelle que celle de Saint-Roch, laquelle est entretenue aux frais des habitants du hameau de l'*Hostellerie de Dieu*. Le promoteur intervient et requiert que, dans les chapelles domestiques du château, de la Sèbe, du Colombier et de la Tour, bâties sans autorisation spéciale,

---

(1) M. de Saint-Martin.

il ne soit fait aucun service ni par le curé, ni par le prêtre délégué.

Dans sa sentence de visite, Mgr de Janson ordonne : que le service paroissial soit entièrement fait dans l'église paroissiale ; que la messe continue d'être célébrée à Saint-Véran, comme par le passé ; que le prêtre délégué assiste le curé, les jeudi et samedi saints, les dimanches de Pâques et de la Pentecôte, les jours de l'Assomption, de la Toussaint, de la Noël et des quatre principales fêtes de la Vierge. Il supprime le luminaire de la Rédemption des Captifs. Il règle l'administration des autres luminaires. Il ordonne que le cimetière soit clos par des murailles ; que l'église soit intégralement blanchie au dedans et recrépie au dehors ; qu'une fenêtre ronde soit pratiquée au fond de l'église ; qu'il soit fait une chaire à prêcher, un confessionnal et un tabernacle de bois surdoré ; que les fonts baptismaux soient recouverts et fermés ; qu'il soit acheté un ostensoire et un calice d'argent, une lampe de laiton, des chremières et des burettes d'étain, une croix de laiton, deux aubes et une chasuble de camelot blanc, un moule à hosties enfin, pour l'église paroissiale. Quant à Saint-Véran, il doit être acheté une chasuble, une aube, des corporaux et purificatoires, un missel, une lampe et une croix d'autel de laiton, un bénitier d'airain et des burettes. L'autel latéral devra être démoli, et les fenêtres, vitrées.

L'évêque avait déterminé le laps de temps où toutes ces réparations devaient être faites. Aussi le conseil communal, assemblé dans les premiers jours de janvier de l'année 1663, délibérait de mettre à exécution ces divers règlements ; mais cela ne prouve pas que les deux églises aient été pourvues de tout ce qui leur manquait. Notons que, le 26 octobre 1664, il fut délibéré de construire dans l'église de Saint-Véran une chapelle latérale, sous le titre de Notre-Dame du Rosaire. Les consuls devaient affecter à cette construction les sommes provenant des luminaires. Ce produit eût été insuffisant, si le seigneur du lieu n'eût pas contribué de son chef et si on n'eût autorisé des familles du lieu à établir un caveau funéraire dans l'intérieur de la chapelle (1).

Un grand émoi régna dans la paroisse des Sièyes en l'année 1670; des malfaiteurs avaient enfoncé la porte de l'église de Saint-Véran et emporté tout ce qui s'y trouvait. Or, la fête de saint Véran allait bientôt être célébrée. Les consuls se hâtèrent donc de réunir le conseil pour pouvoir acheter les objets nécessaires pour la célébration de la messe (2). Vers la fin de l'année 1681, il fut constaté que le prêtre délégué négligeait souvent de célébrer la messe à Saint-Véran. Plainte en avait été portée à l'évêque, au cabiscol et à l'économe du chapitre, mais sans obtenir une pleine satisfaction. Le conseil, sur la demande des consuls, délibéra, le 23 novembre, qu'on se pourvoirait judiciairement pour faire rétablir la messe des dimanches et des fêtes. Cette délibération fut renouvelée, les 1er janvier et 4 mars 1682. Une requête présentée à messire de Jaubert, lieutenant en la sénéchaussée de Digne et apostillée par celui-ci, le 12 mai suivant, permit enfin aux consuls de faire donner assignation, par voie d'huissier, à messires de Gaudin, cabiscol, et Jean-Baptiste de Bologne, économe du chapitre, d'avoir à se conformer à la sentence de visite du 12 décembre 1662. Cette sommation n'ayant point abouti, ils recoururent à messire des Essards, commissaire du roi, chargé du recouvrement du huitième denier sur les biens d'église. Par exploit du 11 août, le commissaire royal notifia aux consuls qu'ils étaient constitués gardes du

---

(1) Le registre paroissial nous a fourni les noms de quelques personnes inhumées dans ce caveau: Honoré Reybaud, mort en 1709; Esprit Rouquet, en 1716; Antoine Baussier, en 1720; Honorade Arnoux, épouse Corriol, en 1722; Isabelle Rochebrun, en 1745; Susanne Meynier, épouse Rochebrun, en 1749; Honoré Corriol, en 1749, et Marie Bonafoux, en 1766.

(2) Délibérations du 25 octobre et du 1er novembre 1670.

séquestre mis sur la terre et les fruits de la prébende. Le même jour, le consul André Meynier fut désigné pour faire la récolte et la cueillette des fruits séquestrés. La saisie s'effectua sans opposition; mais, pendant que les consuls délibéraient de députer auprès de l'intendant de la province pour être autorisés à vendre les fruits saisis, messire de Gaudin obtenait du même magistrat de percevoir une somme de 300 livres sur ces mêmes fruits. Il se hâta de faire signifier l'autorisation qu'il avait obtenue, par exploit du 22 septembre, et de réclamer le premier quart ou 75 livres de la somme.

Les consuls ne se laissèrent pas intimider; ils députèrent le sieur Michel Lombard auprès de l'intendant. Celui-ci concéda, le 27 septembre, l'autorisation de vendre les fruits saisis (1). Sur le prix de la vente, la communauté devait prélever les frais de régie du séquestre et verser le surplus entre les mains du lieutenant sénéchal de Digne. Quant au cabiscol, défense lui fut intimée d'inquiéter les consuls pour les 300 livres de sa provision. Celui-ci dut donc se soumettre et remplir les obligations inhérentes à sa prébende. Toutefois, nous devons constater avec regret que le service de Saint-Véran ne fut plus fait avec la régularité et l'exactitude d'autrefois. Cette inobservance des accords antérieurs nous explique pourquoi la communauté des Sièyes réclama, à diverses reprises, l'établissement d'un prêtre secondaire (2).

Mais voici une autre affaire. Le 26 août 1691, le deuxième consul, François Ambrois, expose au conseil assemblé que la plupart des habitants du lieu, ceux du village exceptés, demandent pour le bien public et la commodité de tous que l'habitation du curé soit transférée dans la plaine et qu'à son avis le quartier de Saint-Roch lui semble le plus

---

(1) Délibération du 4 octobre 1682.

(2) Délibérations du 1er août 1682, du 5 mars 1684 et du 4 avril 1686.

convenable, attendu que là est la majeure partie de la population ; que là l'administration des sacrements serait rendue beaucoup plus facile pour la généralité des habitants. Il ajoute que le curé actuel, messire Joseph Meynier, verrait adopter avec plaisir cette proposition, et que Mgr l'évêque François Letellier avait promis de donner son assentiment, si la population lui en faisait la demande. Cet exposé souleva une tempête. Les habitants du village se récrièrent plus fort que jamais, menaçant d'en appeler contre une pareille décision, dans le cas où elle serait adoptée. Le syndic des forains, le sieur Reboul, déclara ne pouvoir émettre son opinion avant d'avoir consulté ses mandants et protester au besoin, vu la gravité de la proposition et les frais considérables qu'occasionnerait sa mise à exécution. Nonobstant ces clameurs et ces protestations, il fut délibéré à la pluralité des voix que les consuls présenteraient une requête à l'évêque pour obtenir que le curé prît son habitation dans le quartier de Saint-Roch (1).

La requête fut donc présentée ; mais, aussitôt, les habitants du village, de concert avec les propriétaires forains, interjetèrent appel par devant la cour du parlement d'Aix, aux fins de faire annuler la délibération du 26 août. L'appel fut agréé, et alors un revirement se fit dans les esprits. Le conseil, réuni le 31 octobre de la même année, délibéra d'un commun accord de révoquer la délibération susvisée, de laisser les choses dans l'état où elles étaient et que les parties, se désistant de part et d'autre, tous les frais

(1) Ce quartier avait reçu son nom d'une chapelle élevée en l'honneur de saint Roch, dans la première partie du XVIe siècle. L'entretien en était laissé aux habitants du quartier, et ce ne fut qu'en l'an 1700 et par délibération du 4 mars que le conseil alloua 12 livres pour parfaire le payement des réparations qu'on y avait faites. Une autre délibération du 8 décembre 1702 alloua pour cette chapelle les 30 francs destinés au traitement du précepteur des enfants, mais qui n'avaient point été employés par manque d'instituteur.

déjà faits seraient remboursés par la communauté des habitants. On fit plus encore : on approuva la convention passée avec les sieurs Antoine et Claude Chabot, maçons du lieu, pour les réparations de l'église paroissiale et de l'habitation du curé.

La demande tant de fois formulée de l'établissement d'un prêtre secondaire fut reprise en l'année 1708. Pour mieux appuyer cette demande, les consuls avaient fait dresser un mémoire au sieur Tourniaire, avocat à Digne. Ce mémoire, daté du 21 décembre, portait « que la demande était bien fondée, vu que les habitants, divisés en hameaux et bastides fort éloignés de l'église paroissiale, autour de laquelle il n'y a que six ou sept habitants, ne peuvent profiter des instructions et des soins du curé du lieu », etc., etc. Les consuls exposent, en conséquence, au conseil du 1er janvier 1709 « que, pour cause de suspicion déduite dans le dit mémoire contre l'officialité diocésaine de Digne, ils ont porté l'affaire devant l'officialité métropolitaine séant à Seyne et que le sieur Piolle, procureur au dit Seyne, est chargé de poursuivre la demande ». Qu'advint-il de tout cela ? Nous n'en savons rien, car les délibérations de 1709, 1710 et 1711 n'en parlent pas. D'où il est naturel de conclure qu'on renonça à la poursuite. Il est à croire néanmoins que la demande fut renouvelée auprès de Mgr Henri de Puget, pendant ses visites de 1712 et 1715, dont on ne possède pas les actes de visite, mais que l'on trouve mentionnés dans les délibérations du 4 septembre 1712 et du 24 octobre 1715 (1).

En l'an 1727, le curé Paul Ferriol souleva une affaire plus grave. Il travailla tout à la fois à faire donner le titre paroissial à l'église de Saint-Véran et à obtenir une autre

---

(1) Il faut constater qu'en dépit de tant de sentences de visites le cimetière paroissial restait ouvert à tout venant, même aux animaux. Ce ne fut qu'en 1820 que le cimetière fut clos par des murailles.

habitation dans le voisinage de celle-ci. Mettant à profit la circonstance d'une mission que le seigneur du lieu, Jean Louis de Plan, fit prêcher dans la paroisse, il demanda que la dite mission fût prêchée dans l'église de Saint-Véran, pour la plus grande commodité des habitants. Cela fut accordé, et aucune objection ne fut soulevée. La mission terminée, il continua de faire l'office paroissial dans cette église, avec l'approbation de l'évêque. Toutefois Mgr de Puget, avant de rien statuer de définitif, avait renvoyé la demande du curé à Messieurs du chapitre, au seigneur et aux consuls des Sièyes, pour avoir leur avis. Les consuls Jean Sièyes et Jean Boyer convoquèrent en conséquence, le 19 janvier 1728, le conseil général des habitants et quarante-huit chefs de familles répondirent à cette invitation. Avant de rien statuer, il fut décidé d'un commun accord que les consuls et trois autres membres de l'assemblée se rendraient auprès du seigneur du lieu, dans son château, pour connaître son sentiment. Celui-ci leur déclara qu'il appuierait la demande du curé et qu'il conseillait d'en faire autant, vu que les habitants de la plaine ne fréquentaient nullement l'église du village ; vu que ceux-ci, formant la grande majorité de la population, étaient par là même privés des instructions et des offices paroissiaux, ce qu'il avait constaté avec douleur. Il ajouta toutefois que le curé ne devait pas demander une habitation dans le voisinage de Saint-Véran, mais se contenter de la maison presbytérale du village. Les délégués rapportèrent à l'assemblée le sentiment du seigneur et les termes de l'entretien qu'ils avaient eu avec lui. On passa alors au vote et, à la pluralité des voix, on se rangea à l'opinion du seigneur. Les habitants du village, seuls, opinèrent contre, déclarant qu'ils déduiraient leurs motifs dans une requête d'intervention.

Six jours après, l'official de Digne recevait la requête d'intervention des opposants. Le 1er avril suivant, le dit official déclara qu'il accéderait sur les lieux pour constater les dimensions de l'une et l'autre église, le dénombrement de la population, enfin l'incommodité résultant de l'éloignement et de la position des habitations. Le curé Ferriol ne s'accommoda pas d'une promesse d'accedit indéterminée. Aussi fit-il présenter, le 17 avril, une nouvelle requête. L'official accéda donc, les 23 et 24 avril, mais ne rendit pas de sentence (1). Le curé eut le tort de provoquer une assemblée des forains. Elle fut tenue le 9 juillet, et elle se prononça contre la translation tant de la paroisse que du presbytère. Ainsi trompé dans sa double attente, l'abbé Ferriol se retrancha sur l'état de délabrement du presbytère et sur l'urgence de réparer la muraille maîtresse qui pouvait entraîner la ruine de toute la maison. Le conseil, par la délibération du 16 novembre, répondit qu'il serait demandé une consultation pour savoir si ce délabrement ne provenait pas de ce qu'il avait surchargé les murailles par la construction d'un pigeonnier.

La sentence de l'official fut rendue le 1er février 1729. Elle porte que le curé fera, comme par le passé, l'office paroissial en l'église de Sainte-Madelaine et que le délégué du chapitre dira la messe en celle de Saint-Véran. Mgr Feydau, dans sa visite du 13 février 1738, renouvelle l'obligation imposée au curé de célébrer l'office paroissial à Sainte-Madelaine. Mgr Dulau de la Coste d'Allemane, dans sa visite du 13 février 1744, est plus pressant encore; il ordonne de construire une tribune dans la même église (2) et il interdit au curé de chanter les vêpres et de

---

(1) Il fut constaté, dans l'acte d'accedit, que l'église du village avait dans œuvre 12 mètres de long sur 8m,75 de large; que celle de Saint-Véran avait 13m,75 de long sur 4m,75 de large. La chapelle latérale de la Vierge n'était pas comprise dans les dimensions de cette dernière.

(2) La tribune ne fut jamais construite, et, pour se soustraire à cette obligation, le conseil délibéra, le 5 mai 1745, qu'il serait demandé un sursis à Mgr l'évêque, en lui représentant l'état de gêne et de misère de la population.

donner la bénédiclion du Saint-Sacrement partout ailleurs que dans l'église paroissiale. Les choses changèrent de face sous l'épiscopat de Mgr Louis-Sextius de Jarente. Venu aux Sièyes pour sa visite du mois de juillet 1750, ce prélat, par sentence provisionnelle du 15 juillet, statua : *que sans préjudice du droit des parties, dont le jugement est renvoyé à l'officialité, au sujet de la translation de l'église paroissiale, le service divin sera fait dans l'église de Saint-Véran, attendu que l'église de Sainte-Madelaine ne peut pas contenir toute la population du lieu et que le service divin ne peut y être fait avec décence ; qu'en cet état et jusqu'à sentence définitive du procès, le curé fera les offices à Saint-Véran, et, dans le cas où ladite sentence porterait que le servive divin serait fait en l'église Sainte-Madelaine, celle-ci devra être agrandie et réparée en la forme prescrite.*

Les habitants de la plaine triomphaient donc, et le conseil communal délibérait, le 25 octobre suivant, que des fonts baptimaux seraient construits dans l'église de Saint-Véran, où l'office paroissial était célébré. Mais les habitants du village ne restèrent point inactifs. Ils demandèrent un mémoire à MM. Pascal et Roman, du barreau d'Aix, pour établir le *non-fondé* de la sentence provisionnelle. Ce mémoire, signé le 26 septembre 1750, présentait quatre motifs ou arguments : 1° la sentence n'avait pas été rendue en cours de visite, et, l'eût-elle été, l'évêque ne pouvait connaître de cette affaire ; il devait se borner à prescrire les choses concernant la décence et les réparations de l'église ; 2° que, soit en cours de visite, soit ailleurs, l'évêque ne pouvait réformer le jugement rendu par l'official, le 1er février 1729 ; 3° qu'en transférant le titre, l'évêque avait dérogé aux ordonnances de tous ses prédécesseurs et qu'en supposant qu'il pût y déroger il aurait fallu, au préalable, réquisition du promoteur, appel et ouïe des parties ; 4° enfin que la sentence était un acte d'oppression et de mépris du droit des gens (1). Mgr de Jarente opposa un autre mémoire contradictoire, dressé par MM. Audibert et Honoré, aussi du barreau d'Aix, signé du 4 octobre 1750. Il y est dit : 1° qu'il n'y a aucune loi obligeant l'évêque de rendre ses sentences en cours de visite et qu'il peut, dans ses visites, prescrire tout ce qui intéresse la décence du culte divin ; 2° qu'il est faux que la voie d'appel puisse seule remédier à ce qui a été fait, puisque les parties en litige peuvent se concilier amiablement ou faire juger le procès; 3° que si, dans plusieurs cas, l'évêque doit se conformer aux formalités du droit, il n'est point requis néanmoins que le promoteur et les parties soient entendus pour le transfèrement d'un titre paroissial, lorsqu'il sait par lui-même la nécessité de ce transfèrement ; 4° qu'on ne peut arguer de mesure d'oppression, puisque les habitants peuvent recevoir dans l'une et l'autre église les secours de leur curé.

Au mémoire épiscopal, les habitants du village en opposèrent un autre, où l'on s'attache surtout à prouver qu'il y a oppression et mépris du droit, puisqu'on les oblige d'aller entendre la messe et recevoir les secours de la religion ailleurs que dans l'église paroissiale, contrairement aux sentences rendues depuis un siècle et plus, et aussi au mépris de l'option faite, en l'an 1604, par l'universalité des habitants. Il y a oppression encore, puisqu'on impose l'agrandissement de l'église, la construction d'une sacristie et d'un nouveau clocher ; d'autant encore que l'église de Saint-Véran n'a en plus qu'un demi-pan de longueur et 4 pans de large, etc.

(1) Nous avons retrouvé la copie de ce mémoire et de celui qui lui fut opposé, chez un habitant des Hautes-Sièyes, le sieur Gassend, dépositaire de tous les papiers de cette affaire. On ne voulut pas nous céder ces deux pièces ; mais il nous fut permis de les lire et d'en faire une analyse pour notre usage. Quant à l'acte de visite lui-même, il n'existe plus, même dans les archives de l'évêché.

La production de ces mémoires ne changeait pas l'état des choses. Appel fut donc porté au parlement : l'appel fut accueilli, le 19 décembre 1750. L'affaire fut plaidée; mais un arrêt du mois de mars 1751 déclara qu'il n'y avait pas abus dans la sentence provisionnelle de l'évêque. Déboutés et battus sur ce chef, les opposants firent assigner les consuls de la communauté par devant le parlement, pour cassation de la délibération du 19 janvier 1727. Les consuls Honoré Sièyes et Antoine Ambrois, après une consultation donnée par le sieur Gilly, avocat à Digne, et datée du 21 mars, en référèrent au conseil général. Il y fut délibéré que, se conformant à la consultation du dit Gilly, le conseil révoquait et annulait la délibération incriminée et ne voulait intervenir en rien dans le débat, laissant aux habitants tant de la plaine que du village leur entière liberté d'action. Toutefois, les frais de l'appel en instance resteraient à la charge de la communauté. La contestation se trouva, par suite, limitée entre les habitants du village et ceux de la plaine, qui se constituèrent en syndicat.

La sentence provisionnelle fut donc déférée à l'officialité diocésaine; elle fut cassée par jugement rendu le 21 septembre 1755. Appel ayant été fait auprès de l'officialité métropolitaine séant à Seyne, la sentence fut de nouveau cassée. Nouvel appel fut déféré auprès du légat à Avignon. Celui-ci, par bulles du 10 juin 1756, institua comme juge et commissaire apostolique Mgr Lucrèce-Henri-François de Montauban, évêque de Riez. La bulle de nomination fut enregistrée par le parlement d'Aix le 16 juin, et, par exploit du 2 juillet, furent assignées les parties pour comparaître dans la quinzaine. Me Rabbe, procureur gradué, plaida pour les habitants du village, et Me Chaillan, aussi procureur gradué, plaida pour les habitants de la plaine. Le commissaire apostolique, assisté de MM. André Balthasar, Daumas de Florest, doyen du chapitre de Saint-Pierre-de-Vienne, et d'Antoine Auzias de Beaux-Buits, prêtre du diocèse de Die, l'un et l'autre licenciés en droit canon, prononça dans les termes suivants : « Vu généralement tout ce qui a été dit, fait et produit par les parties ; ouïes les conclusions de notre promoteur en date du 4 février 1757 et signées : Guiramand ; tout considéré, nous, évêque et seigneur de Riez, commissaire apostolique, de l'avis de nos assesseurs, avons mis l'appellation à néant et ordonnons que la sentence de l'official métropolitain d'Embrun du 7 mai 1756, dont est appel, sortira son plein et entier effet. Prononcé à Riez, le 9 février 1757. »

Signification de ce jugement ayant été faite à messire André Julien, curé des Sièyes, et à messire Geoffroi Joseph, syndic des habitants de la plaine, l'église de Sainte-Madelaine rentra dans la possession de ses droits anciens. Saint-Véran redevint simple chapelle, mais on y fit cependant, en 1777, les exercices de la mission. Une dernière tentative fut faite en 1783 pour obtenir l'institution d'un secondaire à demeure ; elle échoua encore. Relevons ici une délibération du 22 octobre 1789, où il est dit que depuis 40 ans l'église de *Saint-Véran n'avait plus de cloche*. Malgré les protestations du syndic des forains, il fut délibéré qu'on achèterait une cloche du poids de quatre quintaux. Cet achat ne fut point effectué (1).

Quand les jours de la terreur furent passés, l'ancien curé du lieu, Aubert Jean-André, reprit le service paroissial dans l'église de Sainte-Madelaine ; mais la maison curiale avait été vendue et achetée par un habitant du village, Dominique Daumas, qui la revendit au sieur Mayeul-Crépin Bourrély. L'abbé Aubert se procura un pauvre logement dans le quartier de Saint-Roch et y ouvrit une école. Des contestations surgirent bientôt au sujet du lieu où devait être célébré le service paroissial. Le préfet des Basses-

---

(1) C'est à cela qu'il faut attribuer ce dicton populaire pour exprimer la misère d'un ménage : *Soun autant ben mounta que san Véran en campano.*

Alpes, s'étant concerté avec l'évêque de Digne, invita le conseil communal, alors composé de huit membres, à désigner quelle était l'église du lieu que l'on choisissait pour être paroissiale. Le conseil, réuni le 5 janvier 1803, opina à la majorité de cinq voix pour l'église de Saint-Véran. Cette décision étant approuvée, le maire, Louis Chabot, sollicita l'autorisation de transporter dans la nouvelle paroisse la cloche et les ornements de l'ancienne. Ce qui fut accordé, le 17 juillet 1804 (1). L'église de Sainte-Madelaine était abandonnée, et sa ruine semblait inévitable ; mais M. l'abbé Allemand prit à cœur la conservation de cette église. Il fit refaire à neuf la toiture, qui s'était effondrée, et approprier l'intérieur de l'édifice. M. l'abbé Feraud acheva sa restauration : une nouvelle cloche orna le clocher, en 1844. Pour intéresser la population à l'entretien de la vieille église, il la fit choisir comme chapelle stationnelle pour la procession votive du dimanche de la Sainte-Trinité.

La nouvelle église paroissiale devait rester longtemps encore dans un état de délabrement et de misère extrême. Des travaux sérieux n'y furent faits qu'en 1826. Le cimetière fut enfin clos par des murailles, et l'intérieur de l'église mis en état de décence convenable. Le curé actuel s'est occupé avec un entier et un profond dévouement à améliorer de plus en plus cet édifice et à le pourvoir de vases sacrés, d'ornements et de tous les objets nécessaires au culte divin. Une seconde cloche a été achetée en 1848.

---

(1) Notons ici une particularité assez curieuse. Le sieur Louis Chabot prolongea son existence jusqu'au 31 juillet 1836. Son inhumation dut être faite sans la sonnerie habituelle, parce que le clocher de Saint-Véran était en ruines et qu'on avait dû enlever la cloche. Les habitants du village ne manquèrent pas de dire : " Il nous a volé la cloche. Eh bien, elle ne sonnera pas pour ses funérailles. "

Voici les noms des curés connus de la paroisse des Sièyes :

Gassendi Pierre, né à Champtercier, possédait en 1599.

Meynier Bernardin, né aux Sièyes, était curé en 1604.

Delmas Jean, en 1642, résigne en faveur du suivant.

Michel Etienne, en 1660. Il démissionna et fut transféré au Brusquet, en mars 1682.

Corriol Jacques possédait au mois d'avril 1683.

Meynier Joseph lui succéda en décembre 1686.

Martel Jean-Baptiste, pro-curé en 1700 et 1701.

Clappiers (....), depuis 1702 jusqu'à la fin de 1707.

Ferriol Paul, pro-curé du 1er janvier 1708 jusqu'au 9 avril 1709, fut pourvu de la cure.

Ferriol Paul-Hilaire, neveu et résignataire du précédent, curé en janvier 1733.

Bellon Joseph, curé en 1736, mort le 29 juin 1752.

Ferriol, curé de Courbons, fait le service pendant 6 mois.

Bayle Jean, nommé curé, ne put prendre possession, étant mort le 15 janvier 1753, à l'âge de 37 ans.

Le père Dominique, récollet à Digne, administre pendant 6 mois, avec le titre de pro-curé.

Jullien André, nommé en juillet 1753, possède jusqu'à sa mort (décembre 1770).

Delaye Honoré, né à Barras, curé en 1770, meurt le 19 août 1783.

Aubert Jean-André, né à Digne, nommé le 24 août 1783, possède jusqu'à la fin de 1802.

Gaudemard Jacques-Alexandre, né à Digne, fut nommé avant la fin de 1802. Il posséda jusqu'à sa mort (avril 1828).

Allemand Pierre, né à la Freyssinie et professeur de théologie au séminaire, remplit les fonctions curiales jusqu'en octobre 1834. Il mourut chanoine de l'église de Digne, le 24 décembre 1845.

Isoard Hypolithe, né à Reillanne et professeur de théologie, succéda au précédent, le 30 octobre 1834, et desservit jusqu'au 14 novembre 1836. Il mourut chanoine de Digne, le 16 septembre 1883.

Maurel Joseph, né à Colmars, installé le 16 novembre 1836, part pour la Guadeloupe en 1837 et meurt en 1846.

Maurel Jean-Baptiste, frère du précédent, nommé au mois d'août 1837, possède jusqu'au 15 novembre 1841. Il est mort curé d'Albiose, le 9 mars 1874.

Feraud Jean-Joseph-Maxime, né à Riez, installé le 22 novembre 1841, possède encore présentement (1888).

Les amateurs d'inscriptions ne nous pardonneraient pas de ne point signaler ici la légende que porte l'ancienne cloche de Sainte-Madelaine. Elle est écrite en très beaux caractères gothiques et porte :

† MENTEM SANCTAM SPONTANEAM HONOREM DEO ET PATRIÆ LIBERATIONEM. †

Cette légende est écrite sur le haut de la cloche, encadrée d'un double cordon. C'est celle que l'on trouve sur toutes les cloches du XIIIe siècle.

Au bas, on lit aussi en caractères gothiques : TE DEUM LAUDAMUS, dans un double cordon. L'espace laissée libre est garni d'arabesques, avec figures diverses. Cette seconde légende fut adoptée dans le XIVe siècle.

Entre les cordons supérieur et inférieur, on voit trois médaillons carrés longs et disposés sur les trois faces de la cloche.

Le premier représente l'*Ecce homo*, ou Notre-Seigneur couronné d'épines, avec les mains liées et posées sur un tombeau. Sur la face du tombeau, on trouve les lettres : A RN en petites capitales ordinaires.

Le second médaillon représente la Vierge Marie tenant son divin enfant sur le bras droit.

Le troisième représente l'Archange saint Michel, perçant de sa lance le dragon infernal. Au bas de celui-ci, on trouve le millésime 1546.

Chaque médaillon est accosté d'un double cordon formant rebord et couronné d'un arc de forme gothique.

Cette cloche a donc été fondue dans le milieu du XVIe siècle. Elle donne un son pur et argentin, que l'on entend sur tous les points du territoire. Nous devons ajouter que l'estampage des inscriptions et des médaillons a été pris par M. Gorde fils, lequel nous en a gracieusement remis un exemplaire.

La grande cloche achetée en 1848 a été fondue, à Marseille, par le sieur Jean Baptiste (cours Gouffet). Elle pèse 173 kilogrammes, non compris les accessoires. Elle porte les inscriptions suivantes :

VESPERE MANE ET MERIDIE
NARRABO, ANNUNTIABO ET LAUDABO
NOMEN TUUM.
MELANIA JOSEPHINA VOCOR.
PAROISSE DES SIÈYES.
1848.

Cette cloche fut bénite, le 5 mars, dimanche de la Quinquagésime, et posée le lendemain.

Le coût total s'éleva à la somme de 675 francs. La famille de Sièyes contribua à la dépense pour une somme de 200 francs. La commune accorda une pareille somme, qui fut prélevée sur le produit d'une concession perpétuelle de terrain, en faveur de la famille de Sièyes, dans le cimetière paroissial. La fabrique suppléa au surplus de la dépense.

# LA COMMUNE DES SIÈYES

---

Aucun instrument n'a pu nous révéler qu'il y eût des syndics ou des cominaux chargés de veiller aux intérêts des habitants avant le XIV$^{e}$ siècle. C'est le seigneur du lieu qui intervient dans toutes les querelles avec les habitants de Digne, au sujet des terres que ceux-ci possédaient dans le château des Sièyes. Nous ne pouvons donc préciser l'origine, ni suivre le développement du régime municipal dans cette localité. Bornons-nous à dire qu'ici, comme partout, il y eut d'abord un conseil général composé de tous les chefs de familles; que ce conseil élisait dix membres formant le conseil particulier, et que les syndics ou consuls étaient choisis parmi ces derniers. Les consuls étaient annuels et ne pouvaient être réélus qu'après un laps de plusieurs années. Leur élection était faite le 1$^{er}$ janvier et de la manière suivante. Les consuls sortants, après en avoir conféré avec le lieutenant de juge, qui représentait le bailli royal, proposaient à l'assemblée deux candidats pour les fonctions de premier consul, et deux autres pour les fonctions de second consul. Le choix fait à la pluralité des suffrages, les nouveaux élus prêtaient le serment entre les mains du lieutenant de juge et entraient aussitôt en fonctions. Les anciens consuls restaient membres de droit du conseil communal et prenaient la gestion des luminaires de la paroisse. Le conseil, tant général que particulier, ne pouvait être convoqué que du mandement du lieutenant de juge, qui en était le président de fait. Les propriétaires forains étaient représentés dans le conseil par un syndic annuel et élu par eux. Celui-ci n'avait pas simplement voix délibérative ; il pouvait, au nom de ses commettants, s'opposer aux résolutions prises et les faire suspendre jusqu'à nouveau référé.

Les choses se perpétuèrent ainsi jusqu'en 1694. Une mesure gouvernementale et purement fiscale érigea dans chaque commune un office de maire, ayant le droit de convoquer et de présider le conseil. La commune des Sièyes fut taxée à 600 livres pour l'acquisition de cet office. L'argent manquait ; il fallut recourir à un emprunt, dont les intérêts furent réglés à 2 sols par livre (1). Le premier consul prit alors le nom de maire, et le second retint celui de consul. Un édit royal de 1721 supprima l'office de maire ; mais un autre édit du mois d'août 1722 rétablit les offices municipaux, et il fallut le racheter encore, et à un taux beaucoup plus élevé que le premier. Dans le mois de novembre 1733, parut un édit unissant tous les offices municipaux au corps de la province, et, moyennant un droit annuel et par lettres provisionnelles de l'intendant, les consuls en exercice furent maintenus dans leurs fonctions pendant quatre années consécutives. Un arrêt du conseil royal, rendu le 4 décembre 1737, suspendit la vente des offices municipaux, et l'élection eut de nouveau lieu le 1er janvier suivant. Toutefois, les consuls élus en 1742 restèrent en fonctions jusqu'au commencement de l'année 1751. Les successeurs de ceux-ci, nommés par l'intendant de la province, furent installés le 29 avril de la même année, et ils conservèrent leurs fonctions jusqu'à la fin de 1757. Il parut enfin, en mars 1757, un édit autorisant les communes à reprendre leurs anciens usages.

L'ordonnance royale du 20 novembre 1789 ordonna de surseoir aux élections consulaires jusqu'à la publication

---

(1) Délibération du 1er janvier 1694.

de la loi d'organisation des municipalités. Par suite de cette loi, l'assemblée primaire des habitants élut un maire, deux officiers municipaux et six notables formant le conseil de la commune. Peu d'années après, il n'y eut plus qu'une commune par canton, et les Sièyes furent une section de la commune cantonale de Champtercier. Le 7 brumaire, an IV (8 novembre 1795), on procéda à l'élection d'un agent municipal et d'un adjoint pour la section des Sièyes.

En 1800, les Sièyes redevinrent une commune, ayant un maire, un adjoint et un conseil de dix membres nommés par le préfet du département. Ils furent installés, le 3 juillet de la même année. En 1837, l'élection des conseillers fut donnée aux électeurs censitaires (loi du 21 mars), mais la nomination du maire et de l'adjoint resta réservée au préfet. En 1848, l'élection fut dévolue au suffrage universel, et l'élection du maire et de l'adjoint appartint au conseil. L'empire modifia un peu l'état des choses, et la République actuelle rétablit les dispositions de la loi de 1848. Enfin la loi du 10 juin 1862 a de nouveau supprimé la commune des Sièyes, en l'annexant comme section à celle dé Digne.

Après cet exposé historique, il reste à faire connaitre les phases de l'administration communale. Observons tout d'abord que les registres des délibérations du conseil que l'on possède ne remontent pas au delà de 1657. Le premier est même en fort mauvais état. Quant aux registres antérieurs, ils avaient péri par l'humidité et par l'incurie des consuls. Cela est attesté par des délibérations subséquentes. Nous allons extraire de ces documents les faits les plus essentiels.

En l'année 1657, trois compagnies de cavalerie détachées de la garnison de Digne arrivent aux Basses-Sièyes et réclament brutalement le logement et des vivres, sous la menace de faire fouler les prairies sous les pieds de leurs chevaux. L'agent du seigneur veut intervenir; il est arrêté et fort maltraité, et les habitants, après avoir enduré toutes sortes d'avanies, sont forcés de leur compter de l'argent pour se débarrasser de leur présence. Le conseil, réuni à la hâte, le soir du même jour, ne trouve rien de mieux que d'en appeler à l'intendant de la province. Ce fait n'est qu'un simple épisode de la licence des troupes à cette époque.

En 1659, un orage d'une violence extrême détruisit la majeure partie de la récolte ; le conseil voulut en alléger les conséquences, en déchargeant les habitants des six dixièmes d'une imposition votée le 23 janvier précédent. Pour se créer des ressources, le conseil concède, le 4 avril 1660, le monopole de la vente de la viande et du vin à deux particuliers, sous peine d'une amende de dix livres contre tout contrevenant. La vallée des Sièyes avait été rendue arrosable par un canal alimenté par les eaux de la Bléone. Cette utile construction avait été faite par le principal seigneur du lieu, M. François de Trichaud, sieur de Saint-Martin, en l'an 1638. Son but premier était de fournir l'eau nécessaire au moulin à farine qu'il avait fait bâtir tout près du château ; mais le seigneur avait proposé à la communauté des habitants d'utiliser les eaux du canal pour l'arrosage des terres situées le long de la vallée, moyennant certaines conditions. Une transaction était donc intervenue entre le seigneur et la communauté. Mais cette dernière ne remplissant pas ses obligations, le seigneur l'assigna devant la cour du parlement. Devant cette assignation, le conseil, réuni le 4 mai 1661, délégua les consuls pour comparaître et pour traiter avec le seigneur. L'affaire traina en longueur pendant quatre ans, à cause des plaintes et des récriminations soulevées par divers particuliers, qui prétendaient que le canal causait fréquemment des dégâts dans le quartier de *Bonnite*, c'est-à-dire dans la partie du territoire au-dessus du moulin.

Le voisinage de la Bléone causait souvent des dégâts dans la vallée supérieure. Pour y obvier, on construisit d'abord une barricade de 20 cannes de longueur sur deux et demie de largeur, dans le quartier de *Bonnile*. Ces travaux protégeaient tout à la fois le canal d'arrosage et le chemin royal, qui le longeait alors. La commune intervint dans cette construction pour une somme de 150 livres et laissa le surplus à la charge du syndicat des arrosants. (Délibération du 15 juillet 1668.) Ces premiers travaux étaient insuffisants; il fallait les continuer pour protéger les terrains cultivés et pour reconquérir ceux que la Bléone avait envahis. On l'avait donc entrepris, et le conseil avait jugé bon d'allouer à l'entrepreneur une gratification de 50 livres. (Délibération du 9 février 1676.) Mais, deux ans après, un rapport d'experts réclamait à la commune une somme de 1,700 livres pour sa portion contributive. Ce rapport serait resté lettre morte, si le seigneur ne fût intervenu et n'eût obtenu un jugement de contrainte pour solde. Devant cette mise en demeure, le conseil communal dut s'émouvoir, en référer à l'assemblée générale des forains (6 janvier 1678) et faire valoir qu'il avait alloué précédemment 50 livres pour les travaux. Le 2 février suivant, le sieur Hesmivy, syndic des forains, protesta d'abord contre le payement qui avait été fait et fit remarquer justement que les constructions de digues n'étaient ni le fait de ses commettants, ni celui de la commune, mais bien des particuliers intéressés et possédant des terrains dans ce quartier. Un nouveau procès surgit donc, soutenu par messire de Saint-Martin. La mort de celui-ci changea le cours de la procédure, et la commune put demander et obtenir des hoirs du seigneur le remboursement d'une somme de 1,200 livres, capital et intérêts compris, suivant acte du 12 avril 1666, notaire Amoureux, à Digne.

Parmi les règlements de police édictés par le conseil, signalons: celui du 28 octobre 1664, renouvelant la défense d'ouvrir *aucun estang* ou fosse devant les maisons et bastides pour y recevoir les eaux pluviales et y faire pourrir de la paille, des herbes et autres engrais; celui du

15 juillet, même année, défendant de faire dépaître les bestiaux dans les iscles de la Bléone, depuis le torrent du Rouveiret jusqu'à la limite du territoire (ces iscles n'étaient alors protégées par aucune barricade) ; celui du 1er janvier 1671, interdisant d'introduire des chèvres dans la campagne, sous peine d'un ban d'une livre par tête ; celui du 1er janvier 1672, établissant un *campier* ou garde pour surveiller les iscles et dresser procès-verbal contre les contrevenants qui y introduisaient des troupeaux, ou qui dévastaient les arbres et les arbustes qui y poussaient.

Une transaction entre la commune et le seigneur avait déterminé le droit de fournage à une panal de blé pour l'universalité des habitants. Néanmoins les hoirs du sieur de Gautier, co-seigneur, prétendirent, en 1669, à une panal par famille ; ils reclamèrent, de plus, les droits de cavalcades et autres. Devant des prétentions aussi étranges, le conseil délégua les consuls (8 décembre 1669) pour soutenir et pour suivre le procès jusqu'à jugement définitif. La commune fut condamnée seulement à payer le droit d'albergue, plus les arriérés et les dépens. M. de la Tour-Lavalette, autre co-seigneur, réclamait aussi les droits de sceau et de cavalcade. Tout en protestant contre la légitimité de ces droits, le conseil opina de les payer (24 août 1670). D'autres embarras plus sérieux surgirent. Les procureurs du pays avaient désigné le lieu des Sièyes comme station hivernale à plusieurs compagnies de troupes et pour une avance de 400 livres. Cette somme n'était pas remboursée encore, et néanmoins, le 26 avril 1679, le sieur de Riqui, commissaire royal des troupes, exigeait la fourniture de dix charges de blé. Le blé récolté dans la localité ne fut pas accepté *comme n'étant pas propre ;* il fallut en acheter dans le voisinage. Un orage, survenu le 21 mai 1681, avait occasionné en grande partie la perte de la récolte. Pour mettre à l'abri des maraudeurs le peu de fruits qui restaient, le conseil décidait, le 27 juillet, d'établir un *campier*. « Mais ce campier ne devra pas estre un habittant de Courbon, car les habitants de ce lieu sont trop proches et accoustumés de commettre des abus », ajoute la délibération.

L'affaire de revendication contre le seigneur défunt fut enfin terminée en 1686. Le syndic des forains, Jean Codur, à ce délégué, signait la transaction par laquelle noble dame Thérèse de Galifet, dame de Vauvenargues, s'obligeait à payer à la commune le capital de 11,000 livres, à la Saint-Michel prochaine. Cette transaction fut approuvée par le conseil, le 28 juillet 1688, et l'argent fut versé.

La confection d'un nouveau cadastre occupa longtemps l'attention du conseil. Le 4 avril 1638, il fut constaté que le cadastre existant remontait à trente-quatre ans et qu'il était tellement surchargé d'additions et de corrections qu'on ne s'y reconnaissait plus. La coutume était, en effet, établie de nommer chaque année des experts pour faire le *revideri* du terroir, pour constater les mutations opérées soit par les décès, les ventes, soit par l'ennoblissement des biens roturiers, etc. Or, ce travail annuel produisait à la fin une telle confusion qu'on ne pouvait que bien difficilement se servir du cadastre. Il fut donc délibéré que les consuls, le syndic des forains et le greffier de la commune, assistés d'un arpenteur assermenté, procéderaient à un nouvel encadastrement. Cette décision n'aboutit pas, car nous voyons les consuls reproduire la même demande, le 28 mai 1699, et le syndic des forains s'y opposer jusqu'à ce que ses commettants en aient délibéré. Des plaintes nombreuses et des menaces de poursuites judiciaires forcèrent le conseil à se prononcer de nouveau, le 1er janvier 1700. On délibéra donc qu'un nouveau cadastre serait fait, et, en cas d'opposition de la part du syndic, de se pourvoir par devant qui de droit. Nonobstant cela, rien ne fut fait; on ajournait sans cesse la mesure à cause des frais qu'elle entraînerait. Cependant, le 26 mars 1713, il fut décidé que l'on procéderait à un nouvel encadastrement. Toutefois, le syndic demanda un délai de huit jours pour avoir l'avis des forains. Enfin, le 27 janvier 1715, il fut arrêté d'un commun accord qu'il y serait procédé. Il y avait à nommer les experts; or, aux termes d'une transaction du 10 août 1654, les consuls devaient nommer deux experts, et les forains en nommer deux aussi, et ceux-ci devaient s'adjoindre un arpenteur. Ce ne fut que le 22 mai 1717 que l'on vota une imposition de 24 livres par livre cadastrale pour se procurer les ressources nécessaires pour payer le travail qui allait être fait. Le 22 juillet suivant, les forains nommèrent pour experts MM. Joseph-Pierre Rochebrun, avocat, et Jean-Louis Esmiol de Berre; les consuls nommèrent MM. Geoffroi Joseph et Meynier Jean-Baptiste. L'arpenteur désigné fut Joseph Meynier, écrivain à Digne. Ces nominations n'aboutirent à rien, car tant les experts que l'arpenteur déclarèrent ne vouloir procéder à l'opération. Le 14 mars 1719, MM. Julien, notaire royal à Thoard, et Laurent, ménager à Chaudon, furent alors nommés pour procéder à l'estimation et à l'allivrement des terres. Les opérations commencèrent enfin vers le milieu du mois d'octobre, et, sur la réquisition des experts, le conseil délibéra, le 1er novembre, que tous les pigeonniers (alors fort nombreux) seraient soumis à la taille et que toutes les terres y seraient pareillement soumises, sauf celles dont les propriétaires fourniraient des preuves de possessions nobiliaires. Le nouveau cadastre était dressé vers la fin de février 1720. Tous les intéressés purent en prendre connaissance, par l'effet de la délibération du 10 mars. Il fut enfin approuvé, le 7 avril suivant. On voit par ce rapide exposé combien fut laborieuse la confection tant et si souvent réclamée et toujours ajournée. Les vacations des experts furent taxées à 3 livres par jour, et celles de l'arpenteur réglées à 25 écus de 3 livres (1).

(1) Il est facile de s'expliquer ces longueurs et ces tergiversations par l'état de gêne où la commune avait été réduite par l'achat forcé des offices municipaux. Ajoutons ici que l'office de trésorier, créé par l'édit de 1691, avait été taxé pour les Sièyes à 951 livres. La commune avait dû laisser le sieur Michel Geoffroi acheter l'office de ses propres deniers, et, quand il fallut le rembourser, il en coûta 1,400 livres. (Acte du 10 mai 1698.)

Trente-quatre ans plus tard et le 21 avril 1754, il fut délibéré qu'un nouveau cadastre serait fait, et un placet fut demandé aux procureurs du pays. Les sieurs Pierre Plan, lieutenant de juge à Mirabeau, et Clément de l'Escale furent désignés pour experts (13 novembre), et ils devaient s'adjoindre, outre l'arpenteur, un indicateur pour chaque quartier du territoire. L'opération était finie le 21 mai 1759, et le nouveau cadastre approuvé le 1er février 1760. Cependant, vingt-quatre ans après et le 21 mars 1784, il fut délibéré qu'on en dresserait un autre. Les sieurs Hermitte Antoine et Renoux furent désignés comme experts par les procureurs du pays, et le sieur Etienne Gleize fut l'arpenteur. Les honoraires de ceux-ci avaient été réglés à la somme de 1,400 livres. Le nouveau cadastre fut approuvé le 29 janvier 1786 et servit jusqu'à la dressation du cadastre actuel, opérée en 1809.

Les statuts du bailliage de Digne n'avaient imposé aux Sièyes que la fourniture d'un *cheval non armé* (1); il n'en était plus ainsi à la fin du XVIIe siècle. Il fallait fournir pour les milices de la province quatre hommes capables et armés. (Délibération du 29 juin 1690.) L'année suivante, la commune dut fournir cent panaux d'avoine et le logement à une compagnie du régiment de Sault (18 mars), loger encore pendant la saison hivernale deux dragons avec fourniture journalière de 15 livres de foin, 10 livres de paille et un tiers de boisseau d'avoine (9 novembre). En 1692 et le 10 février, réquisition fut faite d'hommes et de mulets pour transport des équipages militaires. Au moyen d'une gratification de 25 livres, les consuls obtinrent de n'avoir à loger que 25 hommes du régiment de Catinat (25 juin). Le 11 août, il fallut fournir cinq hommes pour le fouage et quinze autres pour marcher sur la frontière.

---

(1) Statuts publiés à Digne par le comte Raimond Béranger, le 12 janvier 1237.

Ces miliciens improvisés n'allèrent que jusqu'à Seyne, et ils rentrèrent dans leurs foyers dans le mois de décembre. Outre la paye de 6 sols par jour, chaque homme devait recevoir les armes, la poudre et les balles nécessaires pour le service (1). La province devait, il est vrai, indemniser la commune, mais la liquidation n'était faite que fort tardivement, et elle n'était pas en rapport avec les avances. En 1694, une compagnie de grenadiers s'installa pendant huit jours et vécut aux frais des habitants. Le capitaine partit sans rien payer, et il fallut députer à Aix pour obtenir un ordre de payement. (Délibération du 12 septembre.) En 1701, la commune ayant à fournir un homme pour son contingent, le conseil soumit au tirage tous les jeunes gens valides. Le sort désigna Balthazar Geoffroi. Il fut alloué à celui-ci une gratification de 15 livres *pour lui donner moyen de servir et de marcher agréablement.* (Délibération du 27 février.) Cela n'empêcha pas le dit Geoffroi de se soustraire par la fuite à la corvée imposée, et il fallut en désigner un autre. En l'année 1707, arriva un ordre de tenir prêts et d'armer tous les hommes capables du service militaire, de fournir en plus trois mulets, avec bâts, cordages et un muletier (6 juillet). Une délibération du 1er janvier 1708 nous apprend que les consuls avaient dû acheter deux mulets pour le prix de 123 livres, plus trois autres mulets coûtant 225 livres. Mais arrêtons cette nomenclature des charges militaires d'une pauvre petite commune, et disons un mot des autres charges qu'imposait la subvention aux indigents du lieu. On trouve un grand nombre de délibérations constatant des achats de blé pour secourir les nécessiteux. Nous ne citerons que celles du 12 décembre 1677, relatant l'achat de 120 charges, celles

(1) Nous trouvons, sous la date du 1er janvier 1693, un inventaire des armes possédées par la commune, savoir : 18 épées, 14 ceinturons, 12 fusils ou mousquets, 8 livres et demie de poudre et 18 livres de balles.

du 10 octobre 1678, du 14 mars 1708 et du 13 octobre 1709.

Parlons maintenant d'une institution faite en faveur des indigents, grâce à la libéralité des seigneurs du lieu. Noble dame Thérèse de Galifet, dame de Vauvenargues, par son testament du 12 janvier 1708, notaire Barbes, à Aix, avait légué à la commune un don annuel de dix charges de blé, à dater du jour de son décès, en faveur des malheureux. M. François Clappiers de Vauvenargues, son fils, avait pareillement légué, par testament du 14 juillet 1714, notaire Barbes, à Aix, une somme de 300 livres pour être annuellement employée par les consuls des Sièyes à acheter du blé pour les indigents. La volonté des deux testateurs portait que le blé serait remis à titre de secours et d'avance, pour être ensuite rendu après la récolte par ceux qui en auraient le moyen. C'était donc ce qu'on appelle un grenier d'abondance confié à la commune. Après la mort de son père, noble Charles de Vauvenargues notifia aux consuls et au syndic des forains les legs faits par ses aïeux, leur demandant s'ils s'obligeaient à remplir les conditions stipulées. Le conseil délibéra, le 6 septembre 1716, de prier M. de Vauvenargues de convertir ce double legs en une somme de 400 livres, pour être employée à l'amortissement d'une créance d'égale valeur due à l'hôpital Saint-Jacques de Digne. La commune serait alors substituée aux droits du créancier, avec obligation de servir annuellement les intérêts de la dite somme au 4 0/0, soit 18 livres, qui seraient consacrées à une distribution de pain aux indigents pour les fêtes de la Noël. Cette distribution serait faite par le seigneur ou son agent ou, à défaut, par les consuls. Cette proposition fut acceptée, et un acte du 30 décembre, notaire Francoul, à Digne, consacra toutes les stipulations et réserves posées de part et d'autre. La délibération du 1er janvier 1717 porte que cette affaire est entièrement terminée. C'est de là que date *la pension des pauvres*.

L'appréhension qu'inspirait la peste de l'an 1720 motiva

des mesures de précaution. Une garde de huit hommes, postée au *Grand-Logis*, quartier de *la Baumelle*, reçut l'ordre de surveiller tous les allants et les venants, afin de s'assurer s'ils étaient munis d'un billet de santé. Défense fut portée de recevoir et de loger des étrangers non munis du billet de santé. Les mendiants vagabonds devaient recevoir du pain et être éconduits aussitôt après. (Délibération du 20 août.) Cinquante charges de blé furent achetées et tenues en réserve pour les besoins des habitants, et un bureau sanitaire fut établi. (Délibération du 22 septembre.) Aucun cas de peste ne fut constaté dans la localité.

Le 18 janvier 1727, le sieur André Lablache, courrier de Digne à Manosque, passant de grand matin aux Sièyes, trouva un enfant nouveau-né exposé au pied de l'oratoire de Saint-Véran. Les consuls, avertis, prirent l'enfant et le remirent à une femme pour l'allaiter. Aucun billet n'indiquant si l'enfant était baptisé, ils en référèrent immédiatement à l'évêché, qui prescrivit de le faire baptiser sous condition. Ce qui fut fait le même jour. Le conseil, convoqué, délibéra que les frais d'allaitement et d'entretien seraient à la charge de la communauté, si les recherches à faire n'amenaient aucun résultat sur la provenance de l'enfant. Les registres ne nous apprennent pas si l'auteur de ce grave méfait fut découvert.

L'invasion des Austro-Sardes, en 1746, ne procura d'autre désagrément que la réquisition de toutes les bêtes de somme pour le transport des provisions militaires, de Digne dans les magasins établis à Roumoules et à Moustiers. Le conseil alloua à cette fin 3 francs pour chaque journée des bêtes fournies, et 1 franc par homme pour chaque jour de corvée.

En l'an 1750, l'assemblée de la viguerie avait sollicité auprès des procureurs du pays la construction d'une nouvelle route sur toute la longueur du terroir des Sièyes. La route existante était singulièrement défectueuse ; du torrent des Augiers, elle se développait vers l'hôtellerie du même nom et le long du flanc de la côte jusqu'au torrent de Jaumes-de-Gaubert, sur lequel était construit un pont que l'on voit encore. De là, elle traversait le hameau des Hautes-Hôtelleries, passait devant la chapelle de Saint-Roch, rasait les bastides du Colombier, se bifurquait pour aller se souder à la route de Champtercier au-dessus de l'auberge dite de Milan, et anciennement Grand-Logis ; du pied de l'oratoire de Saint-Véran, elle se dirigeait vers le torrent dit aussi de Saint-Véran, descendait au moulin du château et jusqu'à la Bléone. De là, elle remontait vers le moulin de Courbon pour aboutir enfin à Digne par le pont de la Bléone. On peut dire en un mot que cette route, étroite, mal établie, n'était qu'un zigzag continuel, et son entretien était une lourde charge pour la commune. Les procureurs du pays, venus sur les lieux avec un architecte, en 1755, statuèrent qu'une route nouvelle serait ouverte, en ligne directe, du torrent des Augiers jusqu'au pont de Digne. Les consuls et le syndic des forains eurent à traiter avec les particuliers pour l'achat des terrains, et ce ne fut pas sans peine qu'ils remplirent ce mandat (1). Les meilleurs terrrains de la vallée allaient être pris pour la construction de la route. De là, des réclamations, des mémoires nombreux, des contestations, des expertises, enfin une foule d'ennuis et de contrariétés. Les procureurs du pays tinrent ferme, et les grands travaux commencèrent en 1770. La commune des Sièyes ayant été comprise pour la somme de 2,400 francs dans le don que le roi faisait à la province, il fut délibéré, le 4 février 1781, que cette somme serait entièrement employée à l'acquisition des terrains ; mais elle était bien insuffisante, et on ne vit d'autre moyen de se libérer que par un emprunt de 10,000 livres (21 mars 1784). L'intendant de la province n'autorisa qu'un emprunt de

---

(1) Voir les délibérations du 28 novembre 1752, 6 juillet 1755, 25 mars 1756, 18 décembre 1757, 20 septembre 1772, 21 mars 1773, etc.

6,000 livres, remboursable en six années par voie d'une imposition extraordinaire. On comprend combien étaient lourdes, à cette époque, les charges de la commune (1).

Arrivons à l'année 1789. Le conseil avait à se prononcer sur la protestation du tiers-état dans l'assemblée tenue à Aix, le 28 janvier; il se prononça catégoriquement en faveur de la protestation (8 février). Le 29 mars suivant, dans un conseil général auquel assistèrent trente chefs de famille, fut dressé le cahier des doléances au roi et aux états généraux.

Voici la teneur de ce cahier :

1° Le roi sera supplié d'accorder le rapprochement de tous les justiciables de leurs cours de justice, en la forme de l'édit royal du 8 mai 1788.

2° Le reculement des traites vers les frontières et la suppression de toutes redevances et impôts, qui gênent la circulation des citoyens et la liberté du commerce.

3° La suppression de la gabelle, et le sel considéré comme simple marchandise, avec la faculté à la province de faire verser au Trésor royal ce qu'on en aura retiré jusqu'alors.

4° L'égalité parmi les trois ordres pour le payement de toutes les charges, tant royales que locales.

5° La suppression de toutes les dîmes en général et de tous les droits casuels des ecclésiastiques, à la charge pour chaque commune de pourvoir au payement des portions congrues et autres honoraires assignés par le roi aux curés et aux vicaires des paroisses.

6° L'exclusion des assemblées, tant provinciales que

---

(1) Ces charges ne s'élevaient, en 1728, qu'à un total de 2,928 livres 10 sols; en 1732, elles étaient de 3,161 livres 10 sols; en 1783, elles s'élevaient à 5,511 livres 10 sols; enfin, en 1789, elles atteignirent le total de 6,428 livres 12 sols.

municipales, de tous les magistrats des cours souveraines et des tribunaux inférieurs.

7° La révocation de l'édit permettant les défrichements dans les lieux montueux et pendants.

8° Un encouragement pécuniaire pour tous ceux qui répareront les terrains montueux et pendants déjà défrichés.

9° Un encouragement à tous ceux qui cultiveront les terrains emportés par les torrents et les rivières et qui établiront des barrages pour la conservation de ces atterrissements.

10° Enfin la convocation générale des trois ordres pour élaborer la constitution générale au royaume, sous l'approbation du monarque.

Les consuls Jean-Louis Barlet et Jean Bonnet furent délégués pour porter le cahier des doléances à l'assemblée générale convoquée à Digne pour le 1er avril prochain, avec pouvoir d'adhérer, au nom de la commune, aux autres articles du cahier de la commune de Digne.

Dans la réunion du 18 novembre 1789, le conseil confia à M. Faudon Joseph, avocat à Digne, le soin de procéder, conjointement avec l'expert de l'ex-seigneur, à l'estimation cadastrale de tous les biens nobles et des droits qu'il possédait dans la commune. Le 6 juin 1790, M. Joseph Allibert, avocat, fut désigné pour rechercher et vérifier les anciens titres de la commune, et aussi d'en donner une traduction française. Le 24 juillet suivant, le droit de fournage fut déclaré aboli. En recherchant les titres anciens, on trouva dans les minutes de Me Hermitte Joseph-Alexandre, notaire à Digne, une transaction sous la date du 7 novembre 1513, aux termes de laquelle la commune se réservait une pension annuelle de dix charges de blé sur les biens que le seigneur possédait dans les quartiers de *la Palun* et *des Augiers*. Cette découverte inspira le projet d'envoyer un délégué pour consulter MM. Réguis et Eiraud, avocats à Sisteron. Ceux-ci opinèrent qu'en vertu de ce titre la commune pouvait revendiquer la possession du domaine des Augiers. Il fut, en conséquence, délibéré, le 30 janvier 1791, de communiquer à M. de Plan le mémoire donné par les avocats, pour qu'il fournît les titres et mémoires qu'il pourrait opposer. Il fut même réglé que, dans le cas où des difficultés surgiraient, de lui proposer un arrangement amiable.

M. de Plan habitait Grenoble, et, par lettre du 28 février, il répondit qu'il acceptait la voie de l'arbitrage, qu'il ferait la recherche de ses titres particuliers et qu'il se rendrait à Digne dans le courant de l'été. Le conseil répliqua (27 mars) que, si l'arbitrage n'était pas fait dans le courant du mois de mai, il serait poursuivi judiciairement contre M. de Plan. En effet, le 29 juin suivant, le tribunal du district de Digne était saisi de l'affaire et autorisait la poursuite par arrêt du 12 novembre 1792. L'absence de M. Pierre Aillaud, avocat constitué pour la commune, fit traîner le procès en longueur. Entre temps, le sieur Lombard, fermier du domaine, et d'autres particuliers avec lui se permettaient de couper les bois des biens en litige. D'autre part,. des contestations surgissaient sur les limites du domaine, et il fallut nommer des experts pour les établir. Le 20 mai 1798, le procès était encore pendant, et le conseil dut désigner les sieurs Félix Rochebrun et Jean-Louis Chabot comme commissaires pour la poursuite jusqu'à jugement définitif. La commune fut enfin mise en possession par arrêt du tribunal.

Une autre difficulté surgit alors. Le sieur Pierre Lombard, dont la famille était depuis environ cent ans colon censitaire du domaine des Augiers, se refusa à remplir vis-à-vis de la commune les obligations qu'il remplissait vis-à-vis de M. de Plan, prétendant que les censes avaient été abolies par la loi. On obtint contre lui un jugement qui le condamna à payer une rente proportionnelle à celle des trente charges de blé stipulées par acte du 25 août 1712, notaire Martin, à Digne, en faveur du seigneur propriétaire. Copie de ce jugement fut mise sous les yeux du conseil, le 5 février 1804. Le maire et son adjoint furent délégués pour en poursuivre l'exécution. Or, le sieur Lombard avait appelé de ce jugement, et il fallut plaider à nouveau. L'argent manquait, et il fut délibéré, le 5 février 1806, que l'on ferait un emprunt de 600 francs ; mais l'autorisation d'emprunt ne fut pas donnée. On imagina alors de recourir à une souscription volontaire ; mais cette souscription ne produisit que 195 francs. (Délibération du 2 septembre 1809.) Cependant la totalité des frais s'élevait à 1,200 francs. Enfin la cour de cassation, jugeant en dernier ressort l'appel du sieur Lombard, prononça, le 9 octobre 1812, en faveur de la commune. Nous ne rapporterons pas toutes les ruses et les chicanes que le dit Lombard mit en œuvre pour éluder ou du moins atténuer les conséquences de cet arrêt définitif.

Sur l'instance du conseil, le tribunal de Digne prononça, le 23 août 1815, la mise en vente du domaine des Augiers. Les dix membres du conseil municipal se portèrent comme acquéreurs des trois quarts de ce domaine, sous la redevance d'une pension annuelle de 57 doubles décalitres et un décilitre de blé (7 charges et 4 panaux) (1). Le fils Lombard, détenteur de l'autre quart, proposa, le 1er mars 1818, de payer la pension adhérente au dit quart, sous la condition que les arrérages seraient limités à cinq ans et payés par annuités. Cette proposition fut acceptée et convertie en un acte notarié. La pension en blé fut convertie en argent, sous la raison de 50 francs par charge pour la première année et de 40 francs pour les années suivantes (22 juillet 1816). Le produit de cette rente forma la ressource ordinaire du budget de la commune jusqu'en 1845. Les acquéreurs des

(1) Le beau domaine des Augiers est actuellement morcelé entre un grand nombre de propriétaires. Les bâtiments de l'ancienne hôtellerie sont également divisés entre plusieurs habitants.

trois quarts demandèrent alors de se libérer par un remboursement qui fut fixé à la somme de 5,540 francs. Le détenteur de l'autre quart demanda pareillement à se libérer quelques années après. Le produit du premier remboursement fut employé à la construction de la maison presbytérale actuelle, en 1846-1847[1].

La commune des Sièyes a cessé d'exister, par l'effet de la loi du 10 juin 1862, qui l'érigea en section de la commune de Digne.

Le territoire des Sièyes, depuis le 31 janvier 1791, est sectionné comme il suit :

1° Section de *Bonnile*, limitée : au midi, par la route nationale ; au nord et au levant, par le territoire de Courbon, et au couchant, par le torrent de Saint-Véran. La gare du chemin de fer et des bastides isolées sont dans cette section.

2° Section de *la Sèbe*, au-dessous de la précédente ; elle est limitée : au nord, par la route nationale ; au midi, par la Bléone ; au levant, par un petit prolongement du terroir de Courbon jusqu'à à la Bléone, et au couchant, par le torrent de Saint-Véran. On ne trouve dans cette section que des bastides isolées.

3° Section de *Saint-Véran* ; elle est limitée : au levant, par le torrent de Saint-Véran ; au nord, par le territoire de Courbon ; au midi, par la route nationale, et au couchant, par le torrent du Rouveiret. C'est dans cette section que se trouvent l'église paroissiale, le cimetière, le village, l'église des Hautes-Sièyes, le hameau du Colombier et plusieurs bastides.

4° La section *du Moulin*, au-dessous de la précédente ; elle est limitée : au levant, par le torrent de Saint-Véran ; au midi, par la Bléone ; au couchant, par le torrent du Rouveiret, et au nord, par la route nationale. C'est dans cette section que l'on trouve le moulin à farine, le château, la campagne du séminaire et des bastides isolées.

5° La section de *l'Estang* ; elle est limitée : au midi, par le torrent du Rouveiret; au nord et au couchant, par le terroir de Courbon, et au levant, par le petit torrent de Signoret, plus communément dit de Saint-Joseph. On trouve dans cette section les hameaux des Bélos et des Escourons et des campagnes isolées.

6° La section des *Hôtelleries*; elle est limitée: au levant, par le torrent du Rouveiret; au nord, par les territoires de Courbon et de Champtercier; au couchant, par le territoire d'Aiglun; au midi enfin, par la Bléone. On trouve dans cette section les hameaux des Pancraces, des Roquets, de Saint-Roch, des Hautes et des Basses-Hôtelleries, des Chêniers, des Augiers, plus treize bastides. La chapelle de Saint-Roch, le presbytère, la maison commune, le groupe scolaire des garçons et des filles et la gare de Champtercier sont pareillement dans cette section.

En résumé total, il y a aux Sièyes douze hameaux, soixante-six bastides et une population de 386 âmes.

La fabrication des pruneaux et des pistoles dites de Brignoles y est pratiquée depuis un temps immémorial. Les arbres fruitiers abondent dans la plaine, mais le prunier domine tous les autres arbres à fruit; l'amandier couronne les hauteurs; la vigne et l'olivier tapissent les coteaux. Il n'y a plus ni bois, ni pâturages. Les pigeonniers sont actuellement peu nombreux. Le lapin domestique et la race porcine sont l'objet d'un soin spécial. L'agriculture fait l'occupation générale de tous les habitants. Le chemin de fer traverse le territoire sur toute sa longueur, du levant au couchant. Il a enlevé à la vallée des Sièyes sa beauté ancienne et l'admirable perspective qu'elle offrait comme immense jardin entremêlé de prairies.

La voie ferrée de Digne à Nice traversera le bas de la plaine de la section du Moulin. La vallée des Sièyes est arrosée par un canal alimenté par les eaux de la Bléone. Trois torrents la traversent du nord au midi, celui de Saint-Véran, celui du Rouveiret et celui des Augiers.

A cette deuxième partie de notre travail, ajoutons la

nomenclature des anciens administrateurs de la commune.

*Liste des lieutenants de juge.*

Meynier Barthélemy, en fonction en 1657.
Reboul Antoine, nommé en 1669.
Meynier Jean, nommé en 1670.
Meynier Louis, nommé en 1679.
Sièyes Sébastien, nommé en 1687.
Vincent Louis, nommé en 1706.
Meynier Jean-Baptiste, nommé en 1709.
Chabréri Jean-Honoré, nommé en 1731.
Meynier Antoine, nommé en 1738.
Sièyes Jean-Honoré, nommé en 1765.
Belletrus Pascal, nommé en 1767.

*Liste des consuls.*

1657. — Belletrus Pierre-Eloi. — Ambrois Mathieu.
1658. — Rouquet Michel. — Meynier Pierre.
1659. — Arnoux Balthasar. — Meynier Antoine.
1660. — Geoffroi Michel. — Besson François.
1661. — Belletrus Pierre. — Meynier Pierre.
1662. — Meynier Barthélemy. — Rouquet Michel.
1663. — Meynier Pierre. — Corriol Antoine.
1664. — Geoffroi Mathieu. — Meynier Antoine.
1665. — Ambrois Mathieu. — Meynier Jean.
1666. — Belletrus Pierre. — Rouquet Jean.
1667. — Corriol Antoine. — Arnoux Jean.
1668. — Meynier Pierre. — Meynier André.
1669. — Ambrois Mathieu. — Meynier Honorat.
1670. — Belletrus Pierre. — Rochebrun Nicolas.
1671. — Rouquet Beaussier-César. — Meynier Pierre.
1672. — Geoffroi Jean. — Arnoux Jean.
1673. — Ambrois Dominique. — Rouquet Jean.

1674. — Meynier Antoine. — Boyer Jean.
1675. — Chabot Jean. — Rochebrun Nicolas.
1676. — Meynier Honoré. — Arnoux Sébastien.
1677. — Belletrus Pierre. — Boyer Jean-Antoine.
1678. — Meynier André. — Meynier Louis.
1679. — Rochebrun Nicolas. — Chabot Antoine.
1680. — Meynier Honoré. — Maurel Jean.
1681. — Meynier Antoine. — Rouquet Jean.
1682. — Meynier André. — Corriol Antoine.
1683. — Geoffroi Jean. — Meynier André.
1684. — Belletrus Mathieu. — Chabot Antoine.
1685. — Ambrois Dominique. — Meynier Antoine.
1686. — Meynier André. — Maurel Jean.
1687. — Corriol Antoine. — Meynier Dominique.
1688. — Belletrus Mathieu. — Chabot Claude.
1689. — Rochebrun Nicolas. — Meynier Joseph.
1690. — Meynier Louis. — Meynier Jean.
1691. — Maurel Jean. — Ambrois-François.
1692. — Chabot Antoine. — Sièyes Blaise.
1693. — Meynier Jean. — Corriol Jean.
1694. — Meynier Honoré, *maire*. —Boyer Benoît, *consul*.
1695. — Belletrus Mathieu. — Maurel Antoine.
1696. — Ambrois François. — Vincent Louis.
1697. — Chabot Claude. — Boyer Dominique.
1698. — Geoffroi Jean. — Maurel Jean.
1699. — Meynier André. — Belletrus Pierre.
1700. — Boyer Benoît. — Meynier Gaspard.
1701. — Corriol Jean. — Chabot Claude.
1702. — Ambrois François. — Rochebrun Jean-Antoine.
1703. — Meynier Mathieu. — Maurel Antoine.
1704. — Meynier André. — Rouquet Antoine.
1705. — Geoffroi Jean. — Chabot Claude.
1706. — Ambrois François. — Meynier Claude.
1707. — Rochebrun Jean-Antoine. — Meynier Joseph.
1708. — Geoffroi Honoré. — Arnoux Sébastien.
1709. — Chabot Claude. — Ambrois Joseph.

1710. — Corriol Jean. — Belletrus Pierre.
1711. — Meynier Joseph. — Rouquet Joseph.
1712. — Ambrois François. — Barbarin Claude.
1713. — Chabot Claude. — Maurel Artoine.
1714. — Belletrus Pierre. — Meynier Dominique.
1715. — Rochebrun Jean-Antoine. — Vincent François.
1716. — Geoffroi Jean. — Chabot Joseph.
1717. — Meynier Antoine. — Meynier Sébastien.
1718. — Corriol Jean. — Maurel Antoine.
1719. — Belletrus Pierre. — Barbarin Jean-Louis.
1720. — Meynier Joseph. — Jullien Jean-Baptiste.
1721. — Boyer François. — Corriol Jean.
1722. — Ambrois Joseph, Chabot Joseph, *consuls*.
1723. — Geoffroi Jean. — Sièyes Jean.
1724. — Rochebrun Jean-Antoine. — Lombard Pierre.
1725. — Meynier Antoine. — Corriol Joseph.
1726. — Ambrois Joseph. — Vincent François.
1727. — Sièyes Jean. — Boyer Jean.
1728. — Geoffroi Joseph. — Lombard Pierre.
1729. — Rochebrun Jean-Antoine. — Corriol Joseph.
1730. — Lyons Louis. — Vincent Antoine.
1731. — Sièyes Jean. — Barlet Véran.
1732. — Geoffroi Joseph. — Ambrois Jean-Antoine.
1734. — Boyer François. — Chabot Joseph. *(Nommés.)*
1738. — Rochebrun Jean-Antoine. — Meynier Vincent.
1739. — Corriol Joseph. — Sièyes Honoré.
1740. — Geoffroi Joseph. — Besson Paul.
1741. — Lombard Pierre. — Arnoux Jean-Louis.
1742. — Belletrus Antoine. — Maurel Jean. *(Nommés.)*
1751. — Sièyes Honoré. — Ambrois Jean-Antoine. *(Id.)*
1758. — Geoffroi Jean-Joseph. — Besson Paul. *(Élus.)*
1759. — Rochebrun Pierre. — Rouquet Jean-Louis.
1760. — Belletrus Antoine. — Lombard Honoré.
1761. — Jullien Jean-Louis. — Maurel Blaise.
1762. — Rochebrun Jean. — Chabot Louis.
1763. — Barlet Véran. — Besson Paul.

1764. — Ambrois Jean-Baptiste. — Meynier Paul.
1765. — Rochebrun Pierre. — Belletrus Pascal.
1766. — Sièyes Honoré. — Barlet Joseph.
1767. — Ambrois Jean-Baptiste. — Rouquet Jean-Louis.
1768. — Rochebrun Pierre. — Maurel Blaise.
1769. — Jullien Louis. — Barlet Joseph.
1770. — Lombard Honoré. — Meynier Claude.
1771. — Vincent Joseph. — Rouquet Jean-Louis.
1772. — Jullien Louis. — Barlet Joseph.
1773. — Rochebrun Pierre. — Maurel Blaise.
1774. — Lombard Honoré. — Rouquet Joseph.
1775. — Jullien Louis. — Barlet Louis.
1776. — Rochebrun Jean. — Lyons Nicolas.
1777. — Rochebrun Pierre. — Barbarin Gaspard.
1778. — Barlet Louis. — Astier Antoine.
1779. — Jullien Antoine. — Rouquet Joseph.
1780. — Rochebrun Félix. — Estublier Jacques.
1781. — Lombard Pierre. — Chabot Jean-Louis.
1782. — Jullien Louis. — Barlet Joseph.
1783. — Rochebrun Jacques. — Rouquet Joseph.
1784. — Barbarin Gaspard. — Brun Michel.
1785. — Lombard Pierre. — Boyer Blaise.
1786. — Rochebrun Félix. — Barlet Joseph.
1787. — Sièyes Jean. — Corriol Jean-Louis.
1788. — Jullien Louis. — Pons André.
1789. — Barlet Louis. — Bonnet Jean.
1790. — Barbarin Joseph-Gaspard, *maire*. — Sièyes Jean et Lombard Joseph, *officiers municipaux*.
1791. — Barlet Jean-Louis, *maire*. — Sièyes Jean et Rochebrun Jacques, *officiers municipaux*.
1794. — Chabot Louis, *maire*. — Bonnet Jean, *officier municipal*.
1795. — Belletrus Pascal, *maire*. — Pons André, *officier municipal*.
1796. — Rochebrun Jacques, Vincent Noël, *agents municipaux*.

1798. — Collomb Jean-Antoine, Daumas Dominique, *agents municipaux*.

1799. — Rochebrun Félix, Daumas Dominique, *agents municipaux*.

1800. — Chabot Louis, *maire*. — Jullien Louis, *adjoint*.

1805. — Chabot Louis. — Meynier Antoine.

1813. — Meynier Antoine. — Barbarin Honoré-César.

1815, — Belletrus Pierre-Eloi. — Barbarin Honoré-César.

1826. — Second Etienne. — Barbarin Honoré-César.

1831. — Second Etienne. — Meynier Antoine.

1832. — Rochebrun Jean-Louis-Casimir. — Meynier Antoine.

1835. — Rochebrun Jean-Louis-Casimir. — Barbarin Honoré-César.

1838. — Barbarin Honoré-César. — Jullien Jean-François.

1843. — Barbarin Honoré-César. — Audibert Louis-Alexandre.

1846. — Rochebrun Jean-Louis-Casimir. — Jullien Jean-François.

1848. — Barbarin Jean-Honoré. — Belletrus Pierre-Eloi.

1849. — Belletrus Pierre-Eloi. — Barbarin Jean-Honoré.

1852. — Barbarin Vincent-Jean-Baptiste. — Sièyes Joseph-Ferdinand.

1856. — Collomb Louis-Pierre. — Jullien Pierre.

1863. — Brun François-Joseph, *adjoint spécial*.

1878. — Sièyes Joseph-François, *adjoint spécial*.

# LES SEIGNEURS DES SIÈYES

---

Il n'existe aucun instrument indiquant quels furent les possesseurs de la terre des Sièyes avant le XIVe siècle; mais, à dater de cette époque, nous trouvons qu'elle fut longtemps partagée entre divers seigneurs. Un acte du 14 septembre 1311, conservé aux archives des Bouches-du-Rhône (B. 442), nous apprend que François Rolland vendit à Guidon Aperioculos ses biens et ses droits sur la terre des Sièyes.

Un acte du 28 août 1325, conservé aux archives de Digne et reproduit dans le tome II du *Cominalat*, page 204, parle de noble de Barras de Saint-Estève, coseigneur des Sièyes, réclamant à un habitant de Digne un droit pour une vigne que celui-ci possédait près du moulin. Cet habitant était Raimond Turrel; on lui réclamait pour cette vigne une cornue de raisins, *unam cornusatam*, dont la valeur était fixée à 7 sols. A la suite de cet acte, on en trouve un autre constatant que le même droit a été payé à Jacques et Reynaudet Aperioculos, également coseigneurs du même lieu (1er septembre 1325). Il y avait donc alors trois coseigneurs.

Un acte du 11 janvier 1334 (archives des Bouches-du-Rhône, B. 442) porte que Jacques Aperioculos vendit à Bertrand Reynier la terre et seigneurie des Sièyes, qu'il tenait de son père, Guidon Aperioculos.

On trouve, en 1479, comme coseigneur, Boniface Isoard, fils d'Antoine, de Digne. Celui-ci avait acheté la moitié de la seigneurie, et, par instrument du 17 avril de la même année, le roi René donna à Rescard Rodolphe les droits de lods et de trezain qui lui étaient dus pour cette acquisition. (Archives des Bouches-du-Rhône, B. 18.)

Antoine Albert, notaire à Digne, reçoit de la Cour des comptes, en l'an 1486, l'investiture de la moitié des droits seigneuriaux des Sièyes. (*Ibid.*, B. 972.)

La même année 1486, l'investiture de la moitié de la seigneurie est donnée par la Cour des comptes à Honoré et Giraud Riquetti, marchands à Digne. Ils avaient acquis cette moitié de Jean de la Penne, qui s'était cependant réservé les hommes liges, *exceptis hominibus ligiis*, qu'il possédait dans ce château. (*Ibid.*, B. 972.)

En 1497 et le 24 avril, Bertrand Gauffredi prêtait l'hommage pour la terre des Sièyes. (*Ibid.*, B. 23.) La famille Gauffredi est connue sous le nom de Geoffroi, dans diverses délibérations communales. Elle possédait le domaine de la Tour et des Chêniers.

En 1502, Honorat et Giraud Riquetti, marchands à Digne, reçoivent une nouvelle investiture pour la moitié de la seigneurie, qui leur avait été vendue par Jean de la Penne, au prix de 35 florins. Ils versent 38 gros de lods. (*Ibid.*, B. 977.)

En 1503 et le 13 février, l'investiture de la terre des Sièyes est donnée à sieur Elzéar Flotte. (*Ibid.*, B. 972.)

En 1507, Elzéar Meynier, notaire à Courbon, reçoit l'investiture de la cinquième partie du château des Sièyes, acquise pour le prix de 20 florins. (*Ibid.*, B. 981.)

En 1528, Jacques Puget, coseigneur de Fuveau (Bouches-du-Rhône) et des châteaux de Mourières, de Castellet, de la Robine, d'Angles, du Forêt et des Sièyes, par lui acquis en vertu d'une donation entre vifs de Honorade d'Arpille, reçoit l'investiture. Les droits de lods et d'arrière-lods qu'il paya ne s'élevèrent, à cause du mode de transmission de la propriété, qu'à 12 écus d'or au soleil, soit 480 gros de monnaie provençale (l'écu étant compté pour 40 gros). (*Ibid.*, B. 991.)

En 1537, on trouve quatre dénombrements de la terre des Sièyes : l'un du 10 avril, pour les sieurs de Jauffred ou Geoffroi (B. 788) ; le second, sous la même date, pour les terres des Sièyes et d'Aiglun, pour Joseph François (B. 788) ; le troisième du 16 avril, pour Marcellin Ambrois (B. 780) ; le quatrième enfin du 19 avril, pour Honorade Riquet (B. 787).

En 1541, on trouve deux autres dénombrements : l'un du 31 octobre pour les terres des Sièyes et de la Tour, pour Jacques Jean et Monet Jauffred (B. 790) ; l'autre du 14 novembre de la terre des Sièyes, pour Marcellin Amalric (B. 790).

En 1543, Honoré de Rochas, seigneur d'Aiglun et des Sièyes, reçoit l'investiture d'une petite coseigneurie sise au lieu des Sièyes, du prix de 24 florins 11 gros (B. 905). La même année, François Jarente reçut l'investiture de la coseigneurie des Sièyes, qu'il avait acquise d'Honorat de la Penne (B. 905) (1).

Avant l'an 1598, la seigneurie des Sièyes appartenait à...... de Trichaud, sieur de Saint-Martin.

François de Trichaud, sieur de Saint-Martin et des Sièyes, conseiller au parlement d'Aix, succéda au précédent et se fit aliéner par le curé du lieu quelques terrains, sous la pension annuelle de deux charges de blé ; il posséda jusqu'en 1670.

De Galifet, président au parlement d'Aix, posséda ensuite la seigneurie. Une délibération du conseil (20 octobre 1678) porte qu'il lui sera porté à Aix un présent consistant en fruits, pruneaux et fromages.

Dame Thérèse de Galifet, épouse en premières noces de Clappiers de Vauvenargues et sœur du précédent, possède

(1) Nous devons à l'obligeance de M. Isnard, archiviste des Basses-Alpes, la nomenclature des divers actes susindiqués relativement aux coseigneurs des Sièyes, et nous nous faisons un devoir de le déclarer ici.

ensuite la seigneurie. Etant venue aux Sièyes, dans le mois de juillet 1682, on lui offrit également un présent consistant en fromages, fruits et pruneaux.

François de Clappiers de Vauvenargues, fils de la précédente, posséda la seigneurie après sa mort. Il lui fut offert aussi un présent de même nature, quand il vint visiter sa terre en 1687 (1).

Joseph de Clappiers de Vauvenargues, fils de François, ayant épousé Mlle de Bremond, de Sisteron, il fut délibéré, le 27 septembre 1713, qu'on leur offrirait en présent un quintal de fromages de Thorame, un quintal de prunes sèches et deux veaux. Celui-ci vendit, en 1716, la seigneurie des Sièyes au suivant.

Jean-Louis de Plan (2), trésorier général en la généralité

---

(1) M. de Jaubert, lieutenant en la sénéchaussée de Digne et coseigneur des Sièyes, ayant notifié aux consuls le mariage de son fils, le conseil crut devoir répondre à cette politesse par un présent, dont le prix fut réglé à 34 livres 8 sols. (Délibération du 4 mars 1695.)

(2) La famille Plan, originaire de Mirabeau, canton des Mées, s'était fixée à Digne et y exerçait le commerce de la draperie.

Sébastien Plan, chef de la famille (1546-1615), se fit chef de partisans pour le service du roi. Il leva une compagnie et alla guerroyer dans la vallée de Barcelonnette. Le roi lui concéda des lettres de noblesse.

François de Plan, son fils, marié, le 12 février 1662, à Blanchette de Jaubert de Pontevez, obtint la charge de trésorier général en la généralité de Provence. Il eut deux fils : Charles de Plan, marié, le 8 février 1663, à Anne de Gassendi et mort sans postérité, et Jean de Plan, marié, le 19 février 1669, à Madelaine Allemand, qui succéda à son père dans la charge de trésorier général.

Jean de Plan eut deux enfants : le premier, né le 11 décembre 1673 et mort en bas-âge, et Jean-Louis de Plan, né le 25 août 1675.

Jean-Louis de Plan, marié à Susanne d'Hugues, acheta la seigneurie des Sièyes, fut aussi trésorier général et fut nommé chevalier. Celui-ci eut trois fils, savoir: 1° Jean-Marie de Plan, dont nous parlerons ci-après; 2° Gaspard Alexis, né le 10 juillet 1708, qui prit le titre *des Augiers*, fut fait évêque de Die et fut massacré dans la chapelle des Carmes, à Paris, en 1792; 3° André de Plan, de Provence, acheta la seigneurie de son beau-frère, Joseph de Clappiers de Vauvenargues. On trouve, sous la date du 12 juin 1716, un dénombrement de la terre des Sièyes pour Jean-Louis de Plan, aux archives des Bouches-du-Rhône (B. 801).

Jean de Plan, fils aîné du précédent, né le 1er mai 1707, conseiller au parlement de Grenoble, succéda à son père dans la seigneurie des Sièyes, qu'il augmenta en achetant les domaines de la Tour et des Chêniers (1). Il notifia aux consuls son mariage avec Mlle de Veynes, et on répondit à cette politesse par une délibération du 13 mai 1747, portant qu'en reconnaissance de ses bons offices il lui serait fait cadeau d'un bijou de la valeur de 15 louis (360 francs de notre monnaie).

Jean-Baptiste-Louis de Plan, fils de Jean, né en 1748, avait embrassé la carrière des armes et devint lieutenant des gardes du comte d'Artois et chevalier de Saint-Louis. Il épousa, en 1784, Mlle de Virieu-l'Argentière, et, à l'occasion de son mariage, il fut délibéré, le 12 novembre 1786, de lui offrir un présent de douze couverts et d'une grande

---

qui prit le titre de *la Baumelle* et fut fait prévôt du chapitre d'Embrun et vicaire général de l'archevêque de cette ville. Il était né le 13 octobre 1714.

Jean-Marie de Plan, né le 11 mai 1707, succéda à son père dans la seigneurie des Sièyes, qu'il augmenta considérablement. Il épousa, en 1747, Mlle de Veynes, obtint une place de conseiller au parlement de Grenoble et laissa trois enfants, savoir : Jean-Baptiste-Louis, qui embrassa la carrière militaire et périt dans l'affaire de Cadoudal ; il était né en 1748 ; Jean-François-Frédéric, né en 1753, qui fut le dernier seigneur des Sièyes ; Armand-Victor, qui obtint un canonicat dans l'église de Digne et mourut dans cette ville, en 181.....

(1) Il existe aux archives des Bouches-du-Rhône (B. 1345) un procès-verbal dressé en 1635 sur les biens de la Tour, plus un acte de l'an 1636, comprenant les déclarations, réclamations ou remises des pièces sur les francs-fiefs, faites par Balthazar Geoffroi, coseigneur des Sièyes. C'est à la famille Geoffroi qu'appartenaient les domaines de la Tour et des Chêniers.

cuillère d'argent, lors de sa première venue aux Sièyes. Cette délibératton prouve l'estime dont jouissait la famille de Sièyes ; mais elle ne ressortit pas son effet, car, retenu par les devoirs de sa charge, le seigneur ne put venir voir sa terre. Les événements politiques l'obligèrent de passer à l'étranger. Fermement attaché à la famille royale, il prit part à l'affaire Cadoudal et il y périt. Jean-Baptiste-Louis avait obtenu, en 1780, des lettres patentes conférant à lui et à ses successeurs le titre de marquis des Sièyes.

Jean-François Frédéric de Plan, marquis des Sièyes et de Veynes, né en 1758 et frère du précédent, avait embrassé la carrière de la marine. Il devait posséder la seigneurie, mais la Révolution grondait. Il émigra et se fixa à Sion, dans la Suisse, et ne rentra en France qu'en 1798. Ses biens avaient été vendus révolutionnairement. Son frère, Armand-Victor de Plan, chanoine de l'église de Digne, qui n'avait point émigré, racheta les terres du Château et de la Tour et les lui abandonna à son retour en France (1). Il fut nommé contre-amiral et commandant du port de Toulon, en 1815, et se fixa ensuite à Valence, où il fut sucessivement maire et président du conseil général. Il avait joint à son titre de marquis le nom et la fortune des de Veynes, dont il avait hérité. Il mourut à Paris, en 1829 (2).

L'ancien château féodal des Sièyes a disparu depuis

(1) Le rachat est consigné dans les archives départementales (série Q, 2, art. 166, nos 840 et 841). La vente eut lieu le 2 vendémiaire an IV (3 octobre 1795). Le n° 840 porte: bâtiments, terres, vignes, colombier, etc., 401,000 livres; le n° 841 porte: bastide et toutes ses dépendances, 202,000 livres; total, 603,000 livres.

(2) Il avait épousé: en premières noces, Mlle de Laurencin, dont il eut une fille (Azélia), mariée au comte Rodolphe de Maistre; en deuxièmes noces, Mlle Mélanie de Montrond, laquelle mourut aux Sièyes, le 15 mars 1847. De ce dernier mariage naquirent trois enfants, savoir : Louis-Frédéric de Plan, Charles-François-Léo et Amédée-Paul.

plusieurs siècles; il n'en reste qu'une portion de tour ronde, démolie en partie. Ce reste de tour semble braver les intempéries des saisons et les outrages des hommes. Plusieurs fois frappé par la foudre, il présentait une lézarde considérable sur toute sa longueur, quand enfin, en 1878, un fragment considérable s'en détacha avec un énorme fracas et des nuages de poussière. On crut tout d'abord à la chute de la tour ; mais celle-ci avait résisté à l'ébranlement. Elle reste pour rappeler le souvenir du passé.

Après la ruine de leur château, les seigneurs s'en construisirent un autre au-dessous de l'église du village. Ce ne fut plus un manoir, mais une habitation à larges proportions et avec de vastes appartements. Celle-ci fut délaissée et cédée à plusieurs familles, qui s'y colloquèrent. Dans le commencement du XVIe siècle, une autre habitation seigneuriale fut bâtie sur le bord de la Bléone. On donna à celle-ci le nom de château, bien qu'elle n'offrit rien qui la distinguât des autres maisons de campagne que l'épaisseur de ses murailles et un ombrage de beaux marronniers plantés sur la façade nord. Le château n'est, en effet, qu'un vaste bâtiment carré sans tours, ni tourelles, n'ayant qu'un étage au-dessus du rez-de-chaussée. Le château ne fut jamais une habitation permanente, mais un simple rendez-vous de chasse.

www.ingramcontent.com/pod-product-compliance
Ingram Content Group UK Ltd.
Pitfield, Milton Keynes, MK11 3LW, UK
UKHW012258240726
13966UKWH00004B/1461